गीतिमाला

गीतिमाला

सम्पादक

रामविलास शर्मा

वाणी प्रकाशन

वाणी प्रकाशन

4695, 21-ए, दरियागंज, नयी दिल्ली 110 002

शाखा

अशोक राजपथ, पटना 800 004

फ़ोन: +91 11 23273167 फ़ैक्स: +91 11 23275710

www.vaniprakashan.in
vaniprakashan@gmail.com

GEETIMALA
Edited by Ramvilas Sharma

ISBN : 978-81-8143-229-2

Poetry

संस्करण 2004
आवृत्ति 2012

मूल्य : ₹ 150

आर. टेक ऑफ़सेट, दिल्ली-110095 में मुद्रित

वाणी प्रकाशन का लोगो मक़बूल फ़िदा हुसेन की कूची से

बड़े भैया को

दो शब्द

हिंदी की प्राचीन परंपरा में गीतात्मकता का अभाव नहीं है। पश्चिमी साहित्य के संपर्क से हमारे यहाँ लिरिक या गीति-काव्य का विशेष विस्तार हुआ है। ब्रजभाषा-साहित्य में कवियों का आत्म-निवेदन, भक्तिविह्वल पद, शृंगार की कल्पनाएँ, और इनके साथ उपमाओं का अनूठापन और उक्ति-चातुरी देखने योग्य है। लोगों की पसंद अलग-अलग होती है; इस संग्रह में बहुत से छंद प्रसिद्ध और लोकप्रिय हैं, कुछ ऐसे भी मिलेंगे, जिन्हें अधिकांश संग्रहों में स्थान नहीं मिला। आशा है, पाठकों को इस संग्रह से अपनी काव्यपरंपरा से परिचित होने में सहायता मिलेगी और साथ में उनका मनोरंजन भी होगा।

—रामविलास

दूसरे संस्करण की भूमिका

संगीत में बड़ी शक्ति होती है। सीधे दिल पर असर होता है। अच्छे संगीत को लंबे समय तक भुला पाना संभव नहीं होता। संगीत जहाँ मन को उद्वेलित कर सकता है, वहीं उसे शांत भी कर सकता है। मनुष्य जाति के अलावा पशु-पक्षियों पर भी संगीत का प्रभाव पड़ता है।

इसी प्रकार शब्द भी हृदय में सीधे उतर जाते हैं। गुणी लेखक थोड़े से शब्दों में गहरी मार करने की क्षमता रखते हैं। कवियों में यह गुण विशेष रूप से देखा जाता है। शायद इसीलिए बिहारी के दोहों को नाविक के तीर की उपमा दी गई है।

जहाँ संगीत और काव्य का मिलन हो जाता है, वहाँ उसका प्रभाव और भी बढ़ जाता है। हिंदी का अधिकांश मध्यकालीन साहित्य गेय है। संभवतः इसीलिए वह इतना प्रभावशाली है।

ऐसा प्रतीत होता है कि उन दिनों अधिकांश कवियों को संगीत का ज्ञान था। कुछ कवियों ने तो विधिवत शिक्षा भी ली थी। इस बात के प्रमाण भी मिलते हैं कि इन दोनों विधाओं के महारथी आपस में मिलते रहते थे। उस समय की रचनाओं में, **सूर** और **तुलसी** का अपने इष्ट के प्रति आत्मनिवेदन गेय है। **कबीर** का दर्शन संगीत की मधुरिमा में बसा हुआ है। **मीरा** की पदावली तो आज तक संगीत की महफिलों में लोकप्रिय है। शास्त्रीय संगीत के अलावा इन कवियों की रचनाओं में लोक-गीत-संगीत की गहरी समझ और जानकारी दिखाई पड़ती है।

रामविलास जी ने हिंदी के पाठकों को उनकी काव्य परंपरा से परिचित कराने के लिए इस **गीतिमाला** में 30 कवियों के 177 गीत संकलित

किए हैं। संग्रह के आरंभ में उन्होंने कुछ कठिन शब्दों के अर्थ भी दिए हैं।

पुस्तक तैयार हो जाने पर उन्होंने तय किया कि इसे वह अपने **बड़े भैया** को समर्पित करेंगे। समर्पण की जानकारी मिलने पर बड़े भाई साहब ने 23.12.1946 को अपने पत्र में रामविलास जी को लिखा :

"तुम यह पुस्तक मुझे समर्पित कर रहे हो, इससे मुझे सचमुच प्रसन्नता है। मैं समर्पण के उपयुक्त व्यक्ति हो सकता हूँ। लेकिन तुम **दौआ** (पिताजी-वि.) और **बाबा** को क्या समर्पित करने वाले हो? किसी निश्चित योजना के अभाव में मैं अपनी प्रसन्नता उनके पक्ष में बलिदान करने को तैयार हूँ। बेहतर होगा कि यह पुस्तक तुम **दौआ** को समर्पित करो। यह तुम्हारा कर्तव्य है। उन्हें यह देख कर प्रसन्नता होगी कि तुमने पुस्तक उन्हें समर्पित की है।"

जाहिर है, रामविलास जी अपने निश्चय पर डटे रहे। आगे चलकर उन्होंने बड़े भाई साहब के लेखन पर आधारित एक और पुस्तक संपादित की जो वाणी प्रकाशन से छपी। यह उचित ही है कि गीतिमाला का नया संस्करण भी वाणी प्रकाशन से ही निकल रहा है।

विजय मोहन शर्मा

सी-358, विकासपुरी
नयी दिल्ली
20.9.2004.

कवि-सूची

कवि	गीतसंख्या
1. आलम	36, 73
2. कबीर	128, 129, 130, 163, 167
3. केशवदास	59, 64, 65, 67, 90, 95
4. गंग	162
5. ग्वाल	92
6. घनानंद	37, 38, 39, 40, 41
7. घाघ	174
8. ठाकुर	34
9. तुलसीदास	1, 2, 33, 49, 51, 89, 98, 99, 100, 101, 102, 103, 104, 105, 106, 107, 108, 109, 110, 111, 115, 131, 132, 141, 155, 156, 157, 158, 164, 165, 166, 171, 172, 173
10. देव	46, 48, 86, 94
11. धरमदास	126, 127
12. नंददास	16
13. नागरीदास	35
14. पद्माकर	41, 42, 75, 76, 78, 79, 80, 81, 87, 96, 113, 114
15. प्रताप नारायण मिश्र	175
16. बिहारीलाल	82, 83, 84, 85, 112, 168, 169, 170
17. बीरबल	167

18. बोधा	5, 60
19. भूषण	160, 161
20. मतिराम	6, 7, 15, 32, 43, 45, 47, 50, 55, 58, 62, 63, 66, 68, 69, 70, 71, 72, 74, 77, 93, 147, 148
21. मीरा	18, 19, 20, 21, 26, 28, 121, 122, 123
22. मुबारक	61
23. रसखान	9, 10, 11, 12, 56, 57, 142, 143, 144, 145, 146, 154
24. रहीम	52, 53, 54, 159
25. रैदास	125
26. विद्यापति	149, 150, 151, 152, 153
27. सुंदरदास	124
28. सूरदास	3, 8, 13, 14, 17, 22, 23, 24, 25, 27, 30, 31, 116, 117, 118, 119, 120, 133, 134, 135, 136, 137, 138, 139, 140
29. सेनापति	91, 97
30. हरिश्चंद्र	4, 29, 44, 88, 176

शब्दार्थ

पृष्ठ 17–लटी=दुर्बल हो गई, थक गई। पयद=बादल। चूक=भूल। कनाउड़ो=कृतज्ञ। नारि=गर्दन। **पृष्ठ 18**–अकोर=तनिक-सी, स्वल्प भेंट। प्रलै=प्रलय। पल=पलक। खीन=क्षीण, पतला। टाँड़ो=काफ़िला, बहुत-सा सामान लादकर जब बाहर जाते हैं, तब उसे टाँड़ा कहते हैं। अनी=नोक। नेज हुते=भाले से भी। **पृष्ठ 19**–आरोध=अवरुद्ध, गुप्त। सुखेह देहकी=शरीर की मिट्टी, अर्थात् मानव-जीवन। अँसुवानी=अश्रुपूर्ण। ठगौरी=जादू, मोहिनी। **पृष्ठ 21**–तन-पानिप=शरीर का सौंदर्य। **पृष्ठ 22**–उलाझि=अँकुरित होकर। **पृष्ठ 23**–सुखमना=सुषुम्ना नाड़ी। पानि=हाथ। पारीगन=ज्ञानाग्नि। **पृष्ठ 24**–दधिसुत=चंद्रमा। धुंजैं=धुंध होना, दृष्टि का कमजोर हो जाना। पनारे=पनाला, जो बरसात में छत के पानी को एक स्थान से निकालने के लिए लगाया जाता है। **पृष्ठ 25**–करवत=लकड़ी चीरने का दाँतेदार औजार, जो आरा कहलाता है। **पृष्ठ 26**–सुर-संभार=स्वरों का आरोह-अवरोह। निठोर=व्याकुल, बेहाल। बोर=डूबना, नष्ट होना। अनियारो=नुकीला तेज़। **पृष्ठ 27**–अघात=तृप्त होना। उहकुन=ज्वाला, दाहक आग। कनगुरिया=कनिष्टिका, अँगुली। मुदरी=अँगूठी। मनसिजे=कामदेव। संचरत=फैलती है। **पृष्ठ 28**–मग हेरत=पथ देखते-देखते। औधि=अवधि। औंटि=उबलकर। उदेग की आँचनि=उद्वेग की अग्नि से। मैन=मयन या (मदन), कामदेव। बहीर=जनसमूह, भीड़, सेना की सामग्री। परजन्य=परोपकारी। बिसासी=विश्वासघाती। रुमांच=रोमांच। चाँपति=छिपाना। चोंपहि=भाँति। झाँपति है=झपती हैं। **पृष्ठ 29**–मँझार=मँझधार। सयानप=चतुराई। झुझकें=झिझकें। निसाँक=निश्शंक। धौं=सी। **पृष्ठ 30**–पौन=पवन, वायु। अबेरी=देर में। चेरी=दासी। **पृष्ठ 31**–सुबरन=सुवर्ण, स्वर्ण, सोना। हियरै=हृदय पर। **पृष्ठ 32**–उनींदे=अलसाए। धन-धुरवा=बादलों की गरज। बसिकै=वश में करके। बीज=बिजली। अहरात=हहराता है, घबराहट पैदा करता है। **पृष्ठ 33**–उकसन=बढ़ने लगना। उरुजवा=उरोज। लाइ=अग्नि। गोइअवाँ=सखियाँ। पारन=पालना। **पृष्ठ 34**–कँगनिआ=कड़े पाछड़े। धनि=स्त्री। जरितरिया=जड़ाऊ। सुगना=तोता। **पृष्ठ 35**–दुअरवा=द्वार।

अपंगनि=कटाक्ष। कहरैं=व्याकुल हों। अहत=मस्त। **पृष्ठ 36**–तुंबुर=तंबूरा। गुजरा=व्याप्त हुआ। खुसनवीस=सुंदर लिखनेवाला। काँच पर क़ाफ़=उर्दू का क़ाफ़ शीशे पर लिखा हो। अलक=बाल। **पृष्ठ 37**–अनौट=अनवट=बिछुआ। बलय=बाजूबंद। खुटिला=कान का एक गहना। पैने शर=तीखे बाण। गंधवाह=पवन, जो गंध को वहन करके लाती है। **पृष्ठ 38**–सोंधे=इत्र। घनसार=कपूर। अन्हाई-सी=नहाई हुई-सी। डहडही=हरी-भरी, ताजी। **पृष्ठ 41**–थोक=समूह। फराकत=विस्तृत, लंबा-चौड़ा। महताब=चन्द्र की-सी शोभा। परजंक=पर्यंक, पलंग, सेज। **पृष्ठ 42**–अंबर=आकाश। पैरे=तैरती है। **पृष्ठ 43**–उतौरा करैं राई नौन=नज़र से बचाने के लिए राई नमक का उतारा करना। **पृष्ठ 44**–चटकारी=फूल के खिलने के समय जो चटकने की आवाज होती है, उसे चटकारी कहते हैं। यहाँ चुटकी के अर्थ में आई है। अतन=कामदेव। **पृष्ठ 45**–बकुल=मौलिश्री। तरंगिनी=नदी। **पृष्ठ 46**–तेह-तीखे। बग=बगुला। धुरवान=उमड़ते हुए बादल। छनदा=बिजली। पयोद=बादल। उनई=उमड़ी। **पृष्ठ 47**–महतमवासो=निश्चित स्थान। अबासो=घर। **पृष्ठ 48**–मयन-मर्दन=कामदेव को नष्ट करनेवाले। बाल-निसाकर=बाल चंद्रमा। **पृष्ठ 49**–कल्प=युग। त्रास-समन=दुःख दूर करनेवाले। जन्हु-बालिका=गंगा। विष्णु-पद-सरोज जासि=विष्णु के चरणकमलों से पैदा होनेवाली। भक्ति-कल्प-थालिका=भक्ति के कल्पतरु के थामले की भाँति। उसीले=शीलदान। कीले=कील दिए, व्यर्थ कर दिए, कुंठित कर दिए। गर्व-गहीले=गर्वहीन, अशक्त। **पृष्ठ 50**–साबर=मृग विशेष का चमड़ा। **पृष्ठ 51**–गचकाँच=काँच का फ़र्श। सेन=स्येन=बाज। **पृष्ठ 52**–बानइत-सिरताज=यशस्वी स्वामी। भगति-सुधा-सुनाज=भक्ति रूपी अमृत के पकवान। वेद बाहिरो=वेदविरुद्ध। अन्याब=अन्याय। **पृष्ठ 53**–सबेरो=शीघ्र। **पृष्ठ 54**–झाँझरी=जर्जर नौका। **पृष्ठ 55**–बीरा=पान का बीड़ा, जो प्रसन्न होकर दिया जाता है। पुरंदर=इंद्र। **पृष्ठ 58**–पइलन=प्राप्त किया। **पृष्ठ 59**–आरि=हठ। **पृष्ठ 60**–चौहट=चौराहे। हाट-हिए=बाज़ारों के बीच। कुलही=मुकुट। **पृष्ठ 61**–अरबराइ=काँपते हुए। बोधति=समझाती है। जलपुट=जलपात्र। नावै=डालते हैं। **पृष्ठ 62**–उछटत=मस्ती से झूमना। बिरियाँ=वेला, समय। **पृष्ठ 62**–तून=तर्कस। **पृष्ठ 63**–पोच=बुरा। लटुआ=बालों की लटें। महाअघ=घोर पाप। **पृष्ठ 64**–छाज=शोभा। लुनाई=सुंदरता। **पृष्ठ 65**–अनुखने=प्रतिक्षण। उद्वेगल=उद्विग्न हुए। बिह=विधि, ब्रह्मा। तुलित=तुल्य, समान। भैसक=हो सके। लुकैनत=छिप गए। परित=प्रीति। तिरपति=तृप्त। रस से=आनंद में। जुड़ल=शीतल। **पृष्ठ 66**–अगोरि=भीतर, निकट। बेकत=व्यक्त, प्रकट। सिरिजल=सृजन किया, बनाया। मुंचसि=छोड़ती है। मानक अबध=मान का समय। बिहान=बीत गया। **पृष्ठ 67**–निगड़=जंज़ीर। साँसति=कष्ट। दुरित=पाप। **पृष्ठ 68**–ओऊ=और। मसीत=मसजिद। छार=मरण। थलपति=राजा। तायो=परीक्षा की, अजमाया। पुनी=फिर। चनक=चना। **पृष्ठ 69**–गनक=ज्योतिषी। करक=अकड़वाला। हबूब=बेचैनी।

मधुकरी=रोटी। **पृष्ठ 70**–रार=लड़ाई। देहरा=मंदिर। हासिल=कर। मुरचान=मोर्चा। भटझोट=योद्धाओं का समूह। **पृष्ठ 71**–मयदान=मैदान, युद्धक्षेत्र। पाट=रेशम। महतो=मुखिया। **पृष्ठ 72**–बिष्ट=विष्ठा। कृमि=कीड़ा। **पृष्ठ 74**–सुबच्छ=सुवत्स, बछड़ा। गोड़ की गाय=बार-बार गोड़ (गाँव के पास के खेत) में चरनेवाली गाय। सीधमान=दुखी। साँकरे=संकट में। दारिद=दरिद्रता में। दुरित-दहन=पापनाशक। खेड़े=गाँव में। गिहिथिन=गृहिणी। जड़हन=धान का चावल, जिस पर पालिश न हो। गागल=अच्छा, कागजी नीबू। **पृष्ठ 75**–सहरस=परस, मीठा। मँझारी=बीच।

1

का भाषा का संस्कृत, प्रेम चाहिए साँच।
काम जु आवै कामरी, का लै करै कुमाच (रेशमी वस्त्र)।।

–तुलसीदास

2

एक भरोसो एकबल एकआस बिस्वास।
एक राम घनश्याम हित, चातक तुलसीदास॥
रटत-रटत रसना लटी, तृषा सूखिगे अंग।
तुलसी चातक प्रेम को, नित नूतन रुचिरंग॥
बरषि परुष पाहन पयद, पंख करौ टुक टूक।
तुलसी परी न चाहिए, चतुर चातकहिं चूक॥
उपल बरषि गरजत तरजि, डारत कुलिस कठोर।
चितव कि चातक मेघ तजि, कबहुँ दूसरी ओर॥
प्रीति पपीहा पयद की प्रगट नयी पहिचानि।
जाचक जगत कनाउड़ो, कियो कनौड़ो दानि॥
नहिं जाचत नहिं संग ही, सीस नाइ नहिं लेइ।
ऐसे मानी माँगतेहिं, को बारिद बिन देइ॥
डोलत विपुल विहंग वन, पियत पोखरनि बारि।
सुजस धवल चातक नवल, तुही भुवन दस चारि॥
जियत न नाई नारि, चातक घन तजि दूसरेहि।
सुरसरिहू को बारि, मरत न माँगेउ अरध जल॥
सुन रे तुलसीदास, प्यास पपीहा प्रेम की।
परिहरि चारिउ मास, जो अँचवै जल स्वाति को॥

–तुलसीदास

3

मधुकर श्याम हमारे चोर।
मन हरि लियो तनक चितवनि में, चपल नैन की कोर॥
पकरे हुते और उर अंतर, प्रेम प्रीति के जोर।
गए छँडाइ तोरि सब बंधन, दै गये हँसनि अकोर॥
औझकि परी रैनि सो बीती, दूत मिल्यो नहिं भोर।
सूरदास प्रभु सर्वसु लूट्यो नागर नवलकिशोर॥

—सूरदास

4

यह संग मैं लागियै डोलैं सदा बिन देखे न धीरज आनती हैं।
छिनहू जो वियोग परै 'हरिचंद' तौ चाल प्रलै की सु ठानती हैं।
बरुनी में थिरैं न झपैं उझपैं पल मैं न समाइबो जानती हैं।
पिय प्यारे तिहारे निहारे बिना अँखियाँ दुखिया नहीं मानती हैं।

—हरिश्चन्द्र

5

अति खीन मृनाल के तार हु ते तेहि ऊपर पाँव दै आवनो है।
सुईबे हते द्वार रुकी न तहाँ परतीति को टाँड़ो लदावनो है॥
कवि बोधा अनी घनी नेज हुते चढ़ि तापै न चित्त डरावनो है।
यह प्रेम को पन्थ कराल महा तरवारि की धार पै धावनो है॥

—बोधा

6

उमगी उर आनन्द की, लहरि छहरि दृग राह।
बूड़ी लाज-जहाज लौं, नेह-नीरनिधि माह॥

—मतिराम

7

सखिन दियो उपदेश जो, नहिं कैसेहु ठहरात।
नवल नेह चित चीकने, ढरकि तोप लौं जात॥

—मतिराम

8

देखन दै पिय मदनगोपालहिं।
हा हा हो पिय पा लागत हौं, जादू सुनौ बन बेनु रसालहिं।
लकुट लिये काहे को त्रासत, पति बिन मति विरहिन बेहालहिं।
अति आतुर आरोध अधिक दुख तोहिं कहा डर तिन यमकालहिं।
मन तो पिय पहिले ही पहुँच्यो, अब प्रान तहीं चाहत चित चालहिं।
कहि तू अपने स्वारथ सुख को, रोकि कहा करि है खल खालहिं।
लेहु सँभारि सुखेह देह की, को राखै इतने जंजालहिं।
सूर सकल सखियन ते आगे, अबहीं मूढ़ मिलत नँदलालहिं।

—सूरदास

9

उनहीं के सनेहन सानी रहैं, उनहीं के जु नेह दिवानी रहैं।
उनहीं की सुनैं, न औ 'बैन', त्यों सैन सों चैन अनेकन ठानी रहैं॥
उनहीं सँग डोलन में 'रसखानि', सबै सुख सिन्धु अघानी रहैं।
उनहीं बिन ज्यों जलहीन है मीन-सी, आँखि मेरी अँसुवानी रहैं॥

—रसखान

10

मेरो सुभाव चितैबे को माइ री, लाल निहारि कै बंसी बजाई।
बा दिन तें मोहिं लागी ठगौरी सी, लोग कहैं कोई बावरी आई॥
यों 'रसखानि' घिर्‌यो सिगरो ब्रज, जानत हैं जिय की जियराई।
जो कोऊ चाहै भलौ अपनौ, तो सनेह न काहू सों कीजियो माई॥

—रसखान

11

कान न दै अँगुरी रहिहौं, जबही मुरली धुनि मंद बजै है।
सोहनीताननि सों 'रसखानि', अटा चढ़ि गोधन गैहै तो गैहै॥
टेरि कहौं सिगरे ब्रजलोगनि, काल्हि कोऊ कितना समुझैहै।
माई री वा मुख की मुसकान, सम्हारि न जैहै न जैहै न जैहै॥

—रसखान

12

मोरपखा सिर ऊपर राखि हौं, गुंजकी माल गरे पहिरौंगी।
ओढ़ि पितांबर लै लकुटी, बन गावत गोधन संग फिरौंगी॥
भाव तो वोहि मेरो 'रसखानि' सो, तेरे कहे सब स्वाँग करौंगी।
पै मुरली मुरलीधर की, अधरान धरी अधरा न धरौंगी॥

—रसखान

13

खेलन के मिस कुँवरि राधिका नन्दमहरि के आई हो।
सकुच सहित मधुर कर बोली, घर हौ कुँवर कन्हाई हो॥
सुनत श्याम कोकिल सम बानी, निकसे अति अतुराई हो।
माता सों कछु करत कलह हरि सो डार्‍यो बिसराई हो॥
मैया री तू इनको चीन्हति बारंबार बताई हो।
यमुना तीर काल्हि मैं भूल्यो, बाँह पकरि लै आई हो॥
आवति यहाँ तोहिं सकुचति हैं, मैं दै सौंह बुलाई हो।
सूर श्याम ऐसे गुन आगर, नागरि बहुरि रिझाई हो॥

—सूरदास

14

सैननि नागरी समुझाइ।
खरिक आवहु दोहनी लै यहै मिस छल पाइ॥
गाइ गिनती करत जैहैं, मोहिं लै नँदराइ।
बोलि वचन प्रमाण कीने दुहुन आतुरताइ॥

कनकवदन सुढार सुंदरि सकुचि मुख मुसुकाइ।
श्याम प्यारी नैन राचे, अति विशाल चलाइ॥
गुप्त प्रीति जो प्रगट कीन्ह्यों हृदय दुहुँन छिपाइ।
सूर प्रभु के वचन सुनि सुनि रही कुँवरि लजाइ॥

—सूरदास

15

क्यों इन आँखिन सों निरसंक ह्वै मोहन को तन पानिप पीजे।
नैकु निहारे कलंक लगै इहि गाँव बसे कहौ कैसे कै जीजै।
होत रहै मन यों मतिराम कहूँ बन जाय बड़ो तप कीजै।
ह्वै बनमाल हिये लगियें अरु ह्वै मुरली अधरा-रस पीजै॥

—मतिराम

16

ऊधव को उपदेश, सुनो ब्रजनागरी।
रूप सील लावन्य, सबै गुन आगरी॥
प्रेमधुजा रसरूपिनी, उपजावत सुख-पुंज।
सुंदर श्याम बिलासिनी, नवबृन्दाबन कुंज। सुनो ब्रजनागरी॥
कहन श्याम सन्देश, एक मैं तुम पै आयो।
कहन समै संकेत, कहूँ अवसर नहिं पायो॥
सोचत ही मन में रह्यो, कब पाऊँ इक ठाउँ।
कहि सँदेस नँदलाल को, बहुरि मधुपुरी जाऊँ। सुनो ब्रजनागरी॥
सुनत श्याम को नाम, ग्राम गृह की सुधि भूली।
भरि अनँदरस हृदय, प्रेम बेली द्रुम फूली॥
पुलकि रोम सब अँग भये, भरि आये जल नैन।
कण्ठ घुटे गद्गद गिरा, बोले जात न बैन। व्यवस्था प्रेम की॥
सुनत सखा के बैन, नैन भरि आये दोऊ।
बिबस प्रेम आवेस, रही नाहीं सुधि कोऊ॥

रोम रोम प्रति गोपिका, है रही साँवरे गात।
कल्पतरोरुह साँवरो, ब्रजबनिता भइँ पात। उलझि अंग अंग ते॥

—नन्ददास

17

ऊधो मन माने की बात।
दाख छोहारा छाँड़ि अमृतफल विषकीरा विषखात॥
जो चकोर को देइ कपूर कोउ, तजि अंगार अघात।
मधुप करत घर कोरे काठ में बँधत कमल के पात॥
ज्यों पतंग हित जानि आपनो दीपक सों लपटात।
सूरदास जा को मन जासों सोई ताहि सुहात॥

—सूरदास

18

आली री मेरे नैनन बान पड़ी।
चित्त चढ़ी मेरे माधुरी मूरत, उर बिच आन अड़ी।
कब की ठाड़ी पंथ निहारूँ, अपने भवन खड़ी।
कैसे प्रान पिया बिन राखूँ, जीवन मूल जड़ी।
मीरा गिरधर हाथ बिकानी, लोग कहैं बिगड़ी॥

—मीरा

19

तेरा कोई नहिं रोकनहार, मगन होय मीरा चली।
लाज सरम कुल की मरजादा, सिर से दूर करी।
मान-अपमान दोउ घर पटके, निकली हूँ ज्ञान-गली।
ऊँची अटरिया, लाल किवड़िया, निरगुण सेज बिछी।
पचरंगी झालर सुभ सोहै, फूलन फूल कली।
बाजूबंद करेला सोहै, माँग सेंदूर भरी।
सुमिरन थाल हाथ में लीना, सोभा अधिक भली।

सेज सुखमना मीरा सोवे, सुभ है आज घरी।
तुम जाबो राणा घर अपने, मेरी तेरी नाहिं सरी॥

—मीरा

20

सखी री लाज बैरन भई।
श्री लाल गोपाल के सँग काहे नाहीं गई।
कठिन क्रूर अक्रूर आयो साजि रथ कहँ नई।
रथ चढ़ाय गोपालै लै गो हाथ मींजत रही।
कठिन छाती स्याम बिछुरत बिरह तें तन तई।
दासी मीरा लाल गिरधर बिखर क्यों न गई।

—मीरा

21

ऐसे पिया जान न दीजे हो॥
चलो री सखी मिलि राखि के, नैना रस पीजे हो।
स्याम सलोनो साँवरो, मुख देखे जीजे हो॥
जोइ जोइ भेष सों हरि मिलें, सोइ सोइ भल कीजे हो।
मीरा के गिरधर प्रभू, बड़ भागन रीझे हो॥

—मीरा

22

मधुकर हम न होहिं वे वेली॥
जिन भजि तजि तुम फिरत और रँग, करत कुसुम रतकेली॥
बारे ते बर बारि बढ़ी है अरु पोषी पिय पानि।
बिन पिय परस प्रात उठि फूलत, होति सदा हितहानि॥
ए बेली बिरहा वृन्दावन, उरझी श्याम तमाल।
पुहुपवास रस रसिक हमारे, बिलसत मधुप गोपाल॥
योग समीर धीर नहिं डोलत, रूप डार ढिग लागी।
सूर पारीगन तजति हिये ते, श्री गोपाल अनुरागी॥

—सूरदास

23

नैना अब लागे पछितान॥
बिछुरत उमँगि नीर भरि आई, अब न कछू अवसान॥
तब मिलि-मिलि कत प्रीति बढ़ावत अब सो भई विषवान।
तब तौ प्रीति करी उत्तर होइ, समुझी कछु न अजान॥
अब इह काम दहत निसि बासर, नाहीं मेरे मान।
भयो बिदेस मधुपुरी हमको, क्यों हूँ होत न जान॥
अति चटपटी देखिवे चाहत अब लागी अकुलान॥
सूरदास प्रभु दीन दुखित ये लै न गये सँग प्रान॥

–सूरदास

24

बिनु गोपाल बैरिनि भईं कुंजै॥
जे वे लता लगत तनु शीतल, अब भईं विषम अनल की पुंजैं॥
वृथा बहुत यमुनातट खगरव, वृथा कमल फूलनि अलि गुंजैं।
पवन पानि घनसारि सुमन दै, दधिसुत किरन भानु भै भुंजैं॥
ए ऊधो कहियो माधो सों, मदन मारि कीन्हीं हम लुंजैं।
सूरदास प्रभु तुम्हरे दरस को, मग जोवत अँखियन भईं धुंजै॥

–सूरदास

25

निसिदिन वरखत नैन हमारे।
सदा रहत वर्षा ऋतु हम पर, जवते श्याम सिधारे॥
नैन अंजन न रहत निसिबासर, कर कपोल भये कारे।
कंचुकि पट सूखत नहिं कबहूँ, उर बिच बहत पनारे॥
ऐसे सलिल सबै भई काया, पल न जात रिस टारे।
सूरदास प्रभु गोकुल बूड़त, काहे न लेते उबारे॥

–सूरदास

26

दरस बिन दूखन लागे नैन॥
जबसे तुम बिछरे मेरे प्रभु जी, कबहूँ न पायो चैन॥
सब्द सुनत मेरी छतियाँ कंपै, मीठे लगे तुम बैन।
एक टकटकी पंथ निहारूँ, भई छमासी रैन॥
बिरह बिथा कासूँ कहूँ सजनी, बह गइ करवत अैन।
मीरा के प्रभु कब रे मिलोगे, दुख मेटन सुख देन॥

—मीरा

27

अँखियाँ हरि दरसन की प्यासी॥
देख्यो चाहत कमल नैन को, निसिदिन रहत उदासी॥
आए ऊधो फिर गए आँगन, डारि गए गर फाँसी।
केसर तिलक मोतिन की माला, वृंदावन को बासी॥
काहू के मन की कोउ न जानत, लोगन के मत हाँसी।
सूरदास प्रभु तुम्हरे दरस को, जाइ करवट ल्यों कासी॥

—सूरदास

28

हेरी मैं तो प्रेम दिवानी, मेरा दरद न जाने कोय॥
सूली ऊपर सेज हमारी, किस बिध सोना होय।
गगन-मंडल पै सेज पिया की किस बिध मिलना होय॥
घायल की गति घायल जाने की जिन लागी होय।
जौहरी की गति जौहरी जाने की जिन जौहर होय॥
दरद की मारी बन-बन डोलूँ, बैद मिला नहिं कोय।
'मीरा' की प्रभु पीर मिटेगी, जब बैद सँवलिया होय॥

—मीरा

29

इन दुखियान को न चैन सपने हूँ मिल्यौ
तासों सदा व्याकुल बिकल अकुलायँगी।
प्यारे 'हरिचंद जू' की बीती जानि औध प्रान
चाहत चले पै ये तो संग ना समायँगी।
देख्यो एक बारहू न नैन भरि तोहिं यातें
जौन जौन लोक जै हैं तहाँ पछतायँगी।
बिना प्रान-प्यारे भये दरस तुम्हारे हाय
मरेहू पै आँखें ये खुली ही रहि जायँगी।

—हरिश्चन्द्र

30

बहुरि बन बोलने लागे मोर॥
सुर संभार नन्दनन्दन को, सुनि बादर को घोर॥
जिनको पिय परदेस सिधारो, सो तिय परी निठोर।
मोहिं बहुत दुख हरि बिछुरे को, रहत बिरह को जोर॥
चातक पिक चकोर पपीहा सबही मिलि चोर।
सूरदास प्रभु बेगि न मिलहु, जनम परत है बोर॥

—सूरदास

31

बहुत दिन जीवो पपीहा प्यारे॥
बासर-रैनि नाँव लै बोलत, भयो बिरह ज्वर कारो॥
आपु दुखित पर दुखित जानि जिय चातक नाउँ तुम्हारो।
देखो सकल बिचारि सखी जिय, बिछुरन को दुख न्यारो॥
जाहि लगै सोई पै जानै, प्रेम बान अनियारो।
सूरदास प्रभु स्वाति बूँद लगि, ज्यों सिन्धु करि खारो॥

—सूरदास

32

कहा कहौं बाकी दसा, सुनो साँवरे बात।
देखे बिन कैसे बनै, देखत दृग न अघात॥

—मतिराम

33

बिरह आगि उर ऊपर जब अधिकाइ।
ये अँखियाँ दोउ बैरिनि देहिं बुझाइ॥
उहकुन है उजियरिया निसि नहिं घाम।
जगत जरत अस लाग मोहिं बिनु राम॥
अब जीवन कै है कपि आस न कोय।
कनगुरिया कै मुदरी कंकन होय॥
सिय बियोग दुख केहि बिधि करउँ बखानि।
फूलबान ते मनसिजे बेधत आनि॥
सरद चाँदनी संचरत चहुँ दिसि आनि।
विधुहिं जोरि कर बिनवति कुलगुरु जानि॥

—तुलसीदास

34

यह प्रेमकथा कहिये किहिसों सौ कहे सों कहा कोऊ मानत है।
पर ऊपरी धीर बँधायो चहैं तन रोग न वा पहिचानत है।
कहि ठाकुर जाहि लगी कसकै सुतो को कसकै उर आनत है।
बिन आपन पाय बेवाय गये कोऊ पीर पराई न जानत है॥

—ठाकुर

35

इश्क चमन महबूब का, जहाँ न जावै कोय।
जावै सो जीवै नहीं, जियै सो बौरा होय॥

—नागरीदास

36

जा थल कीन्हें बिहार अनेकन ता थल काँकरी बैठि चुन्यो करैं।
जा रसना सों करी रस-बातैं सो ता रसना सो चरित्र गुन्यो करैं।
आलम जौन से कुंजन में करी केलि तहाँ अब सीस धुन्यो करैं।
नैनन में जो सदा रहते तिनकी अब कान कहानी सुन्यो करैं॥

–आलम

37

मग हेरत दीठि हिराय गई जब तें तुम आवन औधि बदी।
बरसौ कितहूँ घनआनँद प्यारे पै बाढ़ति है इत सोच नदी।
हियरा अति औंटि उदेग की आँचनि च्वावत आँसुन मैन नदी।
कब आयहौ औसर जान सुजान बहीर लों बैस तौ जाति लदी॥

–घनानन्द

38

परकार्जहि देह को धारिफिरौ परजन्य जथारथ ह्वै दरसौ।
निधि-नीर सुधा की समान करौ सब ही बिध सज्जनता सरसौ।
घनआनँद जीवनदायक हौ कछु मेरियौ पीर हिएँ परसौ।
कबहूँ वा बिसासी सुजान के आँगन मो अँसुवानिहिं लै बरसौ॥

–घनानन्द

39

अभिलाखनि लाखनि भाँति भरीं बरुनीन रुमांच ह्वै काँपति हैं।
घनआनँद जान सुधाधर मूरति चाहनि अंक में चाँपति हैं।
टक लाय रहीं पल पाँवड़े कै सु चकोर की चोंपहि झाँपति हैं।
जबतें तुम आवन औधि बदी तबतें अँखियाँ मग मापति हैं॥

–घनानन्द

40

पहिले अपनाय सुजान सनेह सों क्यों फिर नेह को तोरिए जू।
निरधार अधार दै धार मँझार दई गहि बाँह न बोरिए जू।
घनआनँद आपने चातक कों गुन बाँधिलै मोह न छोरिए जू।
रस प्याय कैं ज्याय बढ़ाय कैं आस बिसास में यों बिष घोरिए जू॥

–घनानन्द

41

अति सूधो सनेह को मारग है जहाँ नेकु सयानप बाँक नहीं।
तहाँ साँचे चलैं तजि आपनपौ झुझुकैं कपटी जे निसाँक नहीं।
घनआनँद प्यारे सुजान सुनौ यहाँ एक तें दूसरौ आँक नहीं।
तुम कौन धौं पाटी पढ़े हौ कहौ मन लेहु पै देहु छटाँक नहीं॥

–घनानन्द

42

धारत ही बन्यो ये ही मतो गुरु-लोगन को डर डारत ही बन्यो।
हारत ही बन्यो हेरि हियो, 'पदमाकर' प्रेम पसारत ही बन्यो।
वारत ही बन्यो काज सबै अब यों मुखचंद उघारत ही बन्यो।
टारत ही बन्यो घूँघट को पट नंदकुमार निहारत ही बन्यो॥

–पद्माकर

43

लाज छुटी गेहौ छुट्यो, सुख सो छुट्यो सनेह।
सखि कहियो वा निठुर सों, रही छूटिबे देह॥

–मतिराम

44

नैन लाल कुसुम पलास से रहे हैं,
फूलि, फूल-माल गरें बन झालरि सी लाई है।
भँवर गुँजार हरिनाम को उचार तिमि,
कोकिला सों कुहकि बियोग राग गाई है॥

'हरीचंद' तजि पतझार घर बार सबै,
बौरी बनि दौरि चारु पौन ऐसी धाई है।
तेरे, बिछुरे ते प्रान कंत कै हिमंत अंत,
तेरी प्रेम-जोगिनी बसंत बनि आई है॥

—हरिश्चन्द्र

45

पिय वियोग तिय-दृग-जलधि, जल-तरंग अधिकाय।
बरुनि-मूल-बेला परसि, बहुज्यो जात बिलाय॥

—मतिराम

46

धार में धाइ धसीं निरधार है, जाय फँसीं उकसीं न अबेरी।
री अँगराइ गिरीं गहिरी गहि फेरे फिरीं न घिरीं नहिं घेरी।
देव कछू अपनो बसु ना रसु लालच लाल चितैं भई चेरी।
बेगिही बूड़ि गई पँखियाँ अँखियाँ मधु की मखियाँ भईं मेरी॥

—देव

47

मेरे दृग बारिद वृथा, बरखत बारि प्रवाह।
उठत न अंकुर नेह कौ, तो उर ऊसर माह॥

—मतिराम

48

जब ते कुँअर कान्ह रावरी कलानिधान
कान परी वाके कहूँ सुजस कहानी-सी;
तब ही ते देव देखी देवता-सी हँसति-सी,
खीझति-सी रीझति-सी रूसति रिसानी-सी।
छोही-सी छली-सी छीनि-लीनी-सी छकी-सी छीन,
जकी-सी टकी-सी लगी थकी थहरानी-सी;

बींधी-सी बँधी-सी बिष-बूड़ी-सी विमोहित-सी
बैठी वह बकति बिलोकति बिकानी-सी।

—देव

49

छिद्यो न तरुनि कटाछ सर, करेउ न कठिन सनेहु।
तुलसी तिनकी देह को, जगत कवच करि लेहु॥

—तुलसीदास

50

कुंदन को रँगु फीको लगै, झलकै अति अंगन चारु गुराई।
आँखिन में अलसानि चितौनि में मंजु बिलासन की सरसाई।
को बिन मोल बिकात नहीं, मतिराम लहै मुसकान मिठाई।
ज्यों ज्यों निहारिये नेरे है नैननि त्यों-त्यों खरी निकरी है निकाई॥

—मतिराम

51

केस-मुकुत सखि मरकत मनिमय होत।
हाथ लेत पुनि मुकुता करत उदोत॥
सम सुबरन सुखमाकर सुखद न थोर।
सीय अंग सखि, कोमल, कनक कठोर॥
सिय मुख सरदकमल जिमि किमि कहि जाइ।
निसि मलीन वह निसि दिन यह बिगसाइ॥
बड़े नयन, कटि, भृकुटी, भाल बिसाल।
तुलसी मोहत मनहिं मनोहर बाल॥
चंपक हरवा अँग मिलि अधिक सोहाइ।
जानि परै सिय हियरै जब कुँभिलाइ॥
सिय तुबअंग-रंग मिलि अधिक उदोत।
हारबेलि पहिरावैं चंपक होत॥

× × ×

का घूँघट मुख मूँदहु नबला नारि।
चाँद सरग पर सोहत यहि अनुहारि॥
गरब करहु रघुनन्दन जनि मन माँह।
देखहु आपनि मूरति सिय कै छाँह॥
उठी सखी हँसि मिस करि कहि मृदुबैन।
सिय रघुबर के भये उनींदे नैन॥

—तुलसीदास

52

करत घुमड़ि घन-धुरवा, मुरवा सोर।
लगि रह विकसि अँकुरवा, नन्दकिसोर॥
बरसत मेघ चहूँ दिसि, मूसरधार।
सावन आवन कीजत, नन्दकुमार॥
अजहुँ न आये सुधि कै, सखि घनश्याम।
राख लिये कहुँ बसिकै, काहू बाम॥
कबलौं रहि है सजनी, मन में धीर।
सावनहूँ नहिं आवन, कित बलवीर॥
घन घुमड़े चहुँ ओरन, चमकत बीज।
पिय प्यारी मिलि झूलत, सावन तीज॥
पीव पीव कहि चातक, सठ अहरात।
करत बिरहिनी तिय के, हिय उतपात॥
सावन आवन कहिगे, स्याम सुजान।
अजहुँ न आये सजनी, तरफत प्रान॥
मोहन लेउ मया करि, मो सुधि आय।
तुम बिन मीत अहर-निसि, तरफत जाय॥
बढ़त जात चित दिन दिन, चौगुन चाब।
मनमोहन तैं मिलिबौ, सखि कहँ दाब॥

53

लहरत लहर लहरिया, लहर बहार।
मोतिन जरी किनरिया, बिथुरे बार॥
लागेउ आन नवेलिहिं मनसिज बान।
उकसन लागु उरुजवा, दृग तिरछान॥
कौन रोग दौ छतियाँ, उकस्यो आइ।
दुखि दुखि उठत करेजवा, लगि जनु लाइ॥
औचक आइ जोबनवाँ मोहि दुख दीन।
छुटिगो संग गोइअवाँ, नहिं भल कीन॥
पहिरत चूनि चूनरिया, भूषन भाव।
नैननि देत कजरवा, फूलनि चाव॥
भोरहि बोल कोइलिया, बड़वत ताप।
घरी एक घरि अलिया, रहु चुपचाप॥
मनमोहन बिन देखैं, दिन न सुहाय।
गुन न भूलिहौं सजनी, तनक मिलाय॥
उमड़ि-उमड़ि घन घुमड़े, दिसि विदिसान।
सावन मनभावन सखि, करत पयान॥
समुझति सुमुखि सयानी, बादर झूम।
बिरहन के हिय भभकत, तिनकी धूम॥
उलहे नये अँकुरवा, बिनु बलबीर।
मानहु मदन महिप के, बिनु पर तीर॥
सुगमहि गातहि गारन, जारन देह।
अगम महा अतिपारन, सुघर सनेह॥
मनमोहन तुव मूरति, बेरिझबार।
बिन पियान मुहि बनिहै, सकल बिचार॥
झूमि-झूमि चहुँ ओरन, बरसत मेह।
त्यों त्यों पिय बिन सजनी, तरसत देह॥

–रहीम

54

चली रइनि अँधियरिया, साहस गाढ़ि।
पायनि केरि कँगनिआ, डारेसि काढ़ि॥
नीलमनिन के हरवा, नील सिंगार।
किए रइनि अँधिअरिआ, धनि अभिसार॥
सेत कुसम कै हरुवा, भूषन सेत।
चली रैनि उजिअरिया, पिय के हेत॥
पहरि बसन जरितरिया, पिय के होत।
चली जेठ दुपहरिया, मिलि रवि जोत॥
बन घन फूलि टेसुइया, बगिअन बेलि।
तब पिय चलेउ बिदेसवा, फागुन फैलि॥
प्रीतम इक सुमिरिनियाँ, मोहि दै जाहु।
जेहि जपि तोर बिरहवा, करौं निबाहु॥
बहुत दिवस पै पियवा, आएहु आजु।
पुलकित नवल बधुइया, करु गृह काजु॥
चूनत फूल गुलबवा, डार कटील।
टुटिगौं बंद अँगिअवा,फटु पट नील॥
अब नहिं तोहि पढ़ावों, सुगना सार।
परिगौ दाग अधरवा, चौंच तुचार॥
होइ कत कारि बदरिया, बरखत पाथ।
जैहों घन अमरैया, संग न साथ॥
जैहो चुनन कुसुमिआ, खेत बड़ दूर।
बरिया केरि छोकरिया, मोहि संग कूर॥
धीरज धर किन गोरिआ, करि अनुराग।
जात जहाँ पिय देसवा, धन बर बाग॥
जनि मरु रोइ दुलहिआ, धरु मन ऊन।
सघन कुंज ससुररिआ, और घर सून॥

× × ×

पियवा पौरि दुअरवा, उठि किन देखु।
दुरलभ पाइ विदेसआ, जिय के लेखु।।
पावन प्रान पियरवा, हेरेउ आइ।
तलफत मीन तिरिअवा, जिमि जल पाइ॥

—रहीम

55

हियो हिये सों मिलि चल्यो, नैन चले मिलि नैन।
इतै-उतै मारी फिरै, लाज कहूँ ठहरै न॥

—मतिराम

56

खेलत फाग सुभाग भरी, अनुरागहिं लालन कों धरि कै।
मारत कुंकुम केसर के, पिचकारिन में रँग कों भरि कै।
गेरत लाल गुलाल लली, मनमोहिनी मौज मजा करि कै।
जाति चली 'रसखानि' अली, मदमस्त बनी मन कों हरि कै॥

—रसखान

57

बिहरैं पिय प्यारी सनेह सने, छहरैं चुनरी के झवा झहरैं।
सिहरैं नव जोबन रंग अनंग, सुभंग, अपंगनि की गहरैं।
बहरैं 'रसखानि' नदी रस की, घहरैं बनिता कुलहू भहरैं।
कहरैं बिरहीजन आतप सों, लहरैं लली लाल लिये पहरैं॥

—रसखान

58

तिह दृग पंकज में परे, तिय दृग मधुप उडाइ।
अहत भये रस पान बस, राग पराग जगाइ॥

—मतिराम

59

तंत्री तुम्बुर सारिका, शुद्ध सुरति सों लीन।
देवसभा सी देखिये, राय प्रवीण प्रवीण॥
रतनाकर लालित सदा, परमानन्दहिं लीन।
अमल कमल कमनीय कर, रमा कि राय प्रवीण॥
राय प्रवीण कि शारदा, शुचि रुचि रंजित अंग।
वीणा पुस्तक धारिणी, राजहंस सुत संग॥
वृषभवाहिनी अंगयुत, वासुकि लसत प्रवीण।
शिव सँग सोहति सर्वदा, शिवा कि राय प्रवीण॥

—केशवदास

60

एक सुभान के आनन पै कुरबान जहाँ लगि रूप जहाँको।
कै यो सतक्रतु की पदवी लुटि यै लखि कै मुसुकाहट ताको।
सोक जरा गुजरा न जहाँ कवि बोधा जहाँ उजरा न तहाँ को।
जान मिलै तो जहान मिलै नहिं जान मिले तो जहान कहाँ को॥

—बोधा

61

अलक मुबारक तिय बदन, लटकि परी यों साफ़।
खुसनवीस मुंसी मदन, लिख्यो काँच पर क़ाफ़॥
जगी मुबारक तिय बदन, अलक ओप अति होय।
मनो चन्द की गोद में, रही निसा सी सोय॥
चिबुक कूप में मन पर्‌यो, छवि जल तृषा विचारि।
कढ़त मुबारक ताहि तिय, अलक डोर सी डारि॥

—मुबारक

62

श्रम-जल-कन झलकन लगे, अलकन कलित कपोल।
पलकन रस छलकन लगे, ललकन लोचन लोल॥

—मतिराम

63

अंजन दै निकसै नित नैनन, मंजन कै अति अंग सँवारै।
रूप गुमान भरी मग मैं पग ही के अँगूठा अनौट सुधारै।
जोबन के मद सों मतिराम भई मतवारिनि लोग निहारै।
जाति चली यहि भाँति गली, बिथुरी अलकैं अचरा न सँभारै।

—मतिराम

64

बिछिया अनौट बाँके घुँघरू जराय जरी
जेहरि छबीली छुद्रघंटिका की जालिका।
मूँदरी उदार पौंची कंकन बलय चूरी
कंठ कंठमाल हार पहिरे गुपालिका॥
बेणीफूल शीशफूल कर्णफूल माँगफूल
खुटिला तिलक नकमोती सोहै बालिका।
केशवदास नीलवास ज्योति जगमगि रही
देह धरे श्यामसंग मानों दीपमालिका॥

—केशवदास

65

चंद्र कैसो भाग भाल भृकुटी कमान ऐसी
मैन कैसे पैने शर नैननि विलास है।
नासिका सरोज गंधवाह से सुगंधबाह
दार्‌यो से दशन केशौ बीजुरी सो हास है॥
भाई ऐसी ग्रीव भुज पानसो उदर अरु

पंकज से पाँय गति हंस की सी जास है।
देखी है गुपाल एक गोपिका मैं देवता सी
सोने सो शरीर सब सोंधे की सी बास है॥

—केशवदास

66

मानत लाज लगाम नहिं, नैक न गहत मरोर।
होत तोहि लखि बालके, दृग तुरंग मुहुँजोर॥

—मतिराम

67

भूषण सकल घनसारही कै घनश्याम
कुसुम कलित केसरही छवि छाई सी।
मोतिन की लरी शिर कंठ कंठमालहार
और रूप ज्योतिजात हेरत हेराई सी॥
चंदन चढ़ाये चारु सुन्दर शरीर सब
राखी शुभ शोभा सब बसन बसाई सी।
शारदासी देखियतु देखो जाइ केशवराय
ठाढ़ी वह कुँवरि जुन्हाई में, अन्हाई सी॥

—केशवदास

68

सेत सारी सोहत उजारी मुखचन्द की सी,
महलनि मंद मुसक्यान की महमही।
अँगिया के ऊपर है उलही उरोज-ओप,
उर मतिराम माल मालती डहडही।
माँजे मंजु मुकुर से मंजुल कपोल गोल,
गोरी की गुराई गोरे गातन गहगही।
फूलनि की सेज बैठी दीपति फैलाय लाय,
फेला को फुलेल, फूली बेलिसी लहलही॥

—मतिराम

69

अंगन में चंदन चढ़ाय घनसार सेत,
सारी छीर-फेन की सी आभा उफनाति है।
राजत रुचिर रुचि मोतिन के आभरन,
कुसुम कलित केस सोभा सरसाति है।
कवि मतिराम प्रानप्यारे सों मिलन जात,
करिकैं मनोरथनिः मृदु मुसकाति है।
होति न लखाई निसि-चन्द की उज्यारी,
मुख-चन्द की उज्यारी तन छाँहौं छिपि जात है॥

—मतिराम

70

अभिनव जोबन-जोति सौं, जगमग होत बिलास।
तियके तन पानिप बढ़ै, पिय के नैननि प्यास॥

—मतिराम

71

सारी जरतारी की झलक झलकत तैसी,
केसर को अंगराग कीनो सब तन में।
तीखन तरनि के किरन तें दुगुन जोति,
जगत जवाहर जटित आभरन में।
कबि मतिराम आभा अंगनि अँगारनि की,
धूम कीसी धार छबि छाजत कचन में।
ग्रीषम दुपहरी में हरि कौं मिलन जात,
जानी जात नारि न दवारि जुत बन में॥

—मतिराम

72

साँझ ही सिंगार सजि प्रानप्यारे पास जाति,
बनिता बनक बनी बेलि सी अनन्द की।
कवि मतिराम कलकिंकिनी की धुनि बाजै,
मंद-मंद चलनि बिराजत गयन्द की।
केसर रंग्यो दुकूल, हाँसी में झरत फूल,
केसनि में छाई छवि फूलन के वृन्द की।
पीछे-पीछे आवत अँधेरी सी भँवर भीर,
आगे-आगे फैलत उजारी मुखचन्द की॥

—मतिराम

73

प्रेम रंग पगे जगमगे जगे जामिनि के
जोबन की जोति जरि जोर उमगत हैं।
मदन के माते मतवारे ऐसे घूमत हैं
झूमत हैं झुकि झुकि झँपि उघरत हैं।
आलम सो नवल निकाई इन नैननि की
पाँखुरी पदुम पै भँवर थिरकत हैं।
चाहत हैं उड़िबे को देखत मयंकमुख
जानत हैं रैनि ताते ताहि में रहत हैं।

—आलम

74

नँद नंदन के रूप पर, रीझि रही रिझवारि।
अधमूँदी अँखियन दई, मूँदी प्रीति उघारि॥

—मतिराम

75

चालौ सुनि चंदमुखी चित में सुचैन करि,
तित बन-बागनि घने रे अलि घूमि रहे।

कहै 'पदमाकर' मयूर मंजु नाचत हैं,
चाह सों चकोरिन चकोर चूमि चूमि रहे॥
कदम अनार आम अगर असोक थोक,
लतनि समेत लोने लोने लगि भूमि रहे।
फूलि रहे, फलि रहे, फैलि रहे, फबि रहे,
झपि रहे, झूलि रहे, झुकि रहे, झूमि रहे॥

—पद्माकर

76

चहचही चहल चहूँघा चारु चंदन की,
चंद्रक चुनीन चौक चौकनि चढ़ी है आब।
कहै 'पद्माकर' फराकत फरसबंद,
फहरि फुहारन की फरस फबी है फाब।
मोद मदमाती मनमोहन मिलै के काज,
साजि मनि मंदिर मनोज कैसी महताब।
गोल गुल गादी गुल गिलमैं गुलाब गुल,
गजक गुलाबी गुलगिंदुक गुले गुलाब।

—पद्माकर

77

सुंदरि सेज सँवारि कै, साजे सकल सिंगार।
दृग कमलनिके द्वार पै, बाँधे बन्दनवार॥

—मतिराम

78

सुन्दर सुरंग नैन शोभित अनंग-रंग,
अंगे अंग फैलत तरंग परिमल के।
बारन के भार सुकुमारि को लचत लंक,
राजै परजंक पर भीतर महल के।
कहै 'पदमाकर' बिलोकि जन रीझैं जाहि,

अंबर अमल के सकल जल-थल के।
कोमल कमल के गुलाबन के दल के
सु जात गड़ि पायनि बिछौना मखमल के।

—पद्माकर

79

जाहिरै जागति-सी जमुना जब बूड़ बहै उमहै वह बेनी
त्यों 'पदमाकर' हीर के हारनि गंग-तरंगन कों सुख देनी
पायन के रँग सों रँग जाति-सी भाँति ही भाँति सरस्वति सेनी
पैरे जहाँई-जहाँ वह बाल तहाँ तहाँ ताल में होति त्रिवेनी

—पद्माकर

80

सजि व्रजचंद पै चली यों मुखचंद जा को,
चंद-चाँदनी को मुख मंद सो करत जात।
कहै 'पदमाकर' त्यों सहज सुगंध ही के
पुंज बन-कुंजन में कंज से भरत जात॥
धरति जहाँई-जहाँ पग है सु प्यारी तहाँ,
मंजुल मजीठ ही की माठ-सी दुरत जात।
हासतें हीरे ढरैं सारी के किनारन तें,
बारन तें मुकुता हजारन झरत आत॥

—पद्माकर

81

साँझ के सलोने घन सबुज सुरंगन सों,
कैसे कै अनंग अंग-अंगनि सताउतौ।
कहै 'पदमाकर' झकोर झिल्ली सोहन को,
मोरन को महत न कोऊ मन ल्याउतौ॥
काहू बिरही की कही मानि लेतौ जो पै दई,
जग में दई तौ दयासागर कहाउतौ।

पावस बनायो तौ न बिरह बनाउतौ,
जो बिरह बनायो तौ बिरह न बनाउतौ॥

—पद्माकर

82

बतरस लालच लाल की, मुरली धरी लुकाय।
सौंह करै भौंहन हँसै, देन कहै नहि जाय॥

—बिहारीलाल

83

नासा मोरि नचाय दृग, करी ककाकी सौंह।
काँटेसी कसकत हिये, गड़ी कटीली भौंह॥

—बिहारीलाल

84

ल्याई लाल बिलोकिये, जिय को जीवनमूलि।
रही मौन के कोन में, सोन जुही-सी फूलि॥

—बिहारीलाल

85

कोटि जतन कोऊ करौ, तन की तपनि न जाय।
जौ लौं भीजे चीर लौं, रहै न प्यौ लपटाय॥

—बिहारीलाल

86

डार द्रुमपालन बिछौना नव पल्लव के
सुमन झँगूला सोहै तन छवि भारी दै।
पवन झुलावैं केंकी कीर बतरावैं देव
कोकिल हलावैं हुलसावैं करतारी दै।
पूरित पराग सों उतारा करैं राई नौन

कज्ज कली नायिका लतानि सिर सारी दै।
मदत महीपजू को बालक बसन्त ताहि
प्रातहि जगावत गुलाब चटकारी दै॥

—देव

87

कूलन में केलि में कछारन में कुंजन में,
क्यारिन में कलिन-कलीन किलकंत है।
कहै 'पदमाकर' परागन में पौन हू में,
पानन में पिक में पलासन पगंत है॥
द्वार में दिसान में दुनी में देस देसन में,
देखौ दीप-दीपन में दीपत दिगंत है।
बीथिन में ब्रज में नबेलिन में बेलिन में,
बनन में बागन में बगरो बसंत है॥

—पद्माकर

88

फूलैंगे पलास बन आगि-सी लगाइ कूर,
कोकिल कुहूकि कल सबद सुनावैगो
त्यौंही 'हरीचंद' सबै गावैगो धमार धीर,
हरन अबीर बीर सबही उड़ावैगो
सावधान होहु रे बियोगिनी सम्हारि तन,
अतन तनक ही में तापन तें तावैगो
धीरज नसावत बढ़ावत बिरह काम,
कहर मचावत बसंत अब आवैगो

—हरिश्चन्द्र

89

देखो देखो, बन बन्यो आज उमाकांत।
मानो देखन तुमहिं आई रितु बसंत॥

जनु तनु-दुति चंपक कुसुम-माल।
बर बसन नील नूतन तमाल॥
कल कदलि-जंघ, पद कमल लाल।
सूचत कटि-केसरी, गति भराल॥
भूषन प्रसून, बहु बिबिध रंग।
नूपुर किंकिन कलरब बिहंग॥
करनवल बकुल, पल्लव रसाल।
श्रीफल कुच, कंचुकि लता-जाल॥
आनन सरोज, कच मधुप गुंज।
लोचन बिसाल नव नील कंज॥
पिक बचन चरित बर बरहि कीर।
सित सुमन हास, लीला समीर॥
कह तुलसिदास सुनु सिब सुजान।
उर बसि प्रपंच रच पंचबान॥
करि कृपा हरिय भ्रम फंद काम।
जेहि हृदय बसहिं सुखरासि राम॥

–तुलसीदास

90

ओड़छे तीर तरंगिनी बेतवै ताहि तरै रिपु केशव को है।
अर्जुनबाहु प्रबाहु प्रबोधित रेवा जु राजनिकी मति मोहै॥
जोरि जगै जमुना-सी लगै जग लोचन लालित पाप बिपो है।
सूरसुता शुभ संगमतुंग तरंग तरंगित गंग-सी सोहै॥

–केशवदास

91

दूरि जदुराई सेनापति सुखदाई देखो
आई ऋतु पावस न पाई प्रेम पतियाँ
धीर जलधर की सुनत धुनि घर की

औ दरकी सुहागिन की छोह भरि छतियाँ॥
आई सुधि बरकी, हिये में आनि खरकी,
सुमिरि प्रानप्यारी यह प्रीतम की बतियाँ॥
बीति औधि आवन की लाल मनभावन की,
डग भई बावन की सावन की रतियाँ॥

—सेनापति

92

तरल तिलंगन के तुंग तेह तेजदार
कानन कदंब को कदंब सरसायो है।
सूबेदार मोर घोर दादुर हवलदार बग
जमादार औ तंबूर पिक भायो है॥
ग्वाल कवि बाढ़ै गरगट घन घट्टन की
कंपनी को कंपू झला होय छवि छायो है।
भूपत उमंगी कामदेव जोर जंगी जान
मुजरा को पावस फिरंगी बनि आयो है॥

—ग्वाल

93

धुरवान की धावनि मानो अनंग की तुंग धुजा फहरान लगी।
नभमंडल है छितिमंडल है छनदा की छटा छहरान लगी॥
मतिराम समीर लगै लतिका, बिरही बनिता थहरान लगी।
परदेस में पीव संदेस न पायौ, पयोद घटा घहरान लगी॥

—मतिराम

94

सुनिकै धुनि चातक मोरनि की चहुँ ओरनि कोकिल कूकनि सों।
अनुराग-भरे हरि बागनि मैं सखि रागत राग अचूकनि सों॥
कबि देव घटा उनई जु नई बनभूमि भई दल दूकनि सों।
रँगराती हरी हहराती लता झुकि जाती समीर के झूकनि सों॥

—देव

95

भौंहें सुरचापचारु प्रमुदित पयोधर भूषण जराइ जोति तड़ित रलाई है।
दूरिकरी सुख मुख सुखमा शशी की नैन अमल कमलदल दलित निकाई है॥
केशौदास प्रबलक रेणुका गवनहर मुकुत सुहंसक शबद सुखदाई है।
अंबर बलित मति मोहै नीलकंठजू की कालिका की बरषा हरष हिय आई है॥

–केशवदास

96

बरसत मेह नेह बरसत अंग-अंग,
झरसत देह जैसे जरत जवासो है।
कहै 'पदमाकर' कलिंदी के कदंबन पै,
मधुपन कीन्हो आइ महत मवासो है॥
ऊधौ यह ऊधम जताइ दीजौ मोहन कों,
ब्रज को सुबासो भयो अगिन अबासो है।
पातकी पपीहा जलपान को न प्यासो,
काहू बिपित बियोगिनी के प्रानन को प्यासो है॥

–पद्माकर

97

कतिक की राति थोरी-थोरी सियराति सेनापति को सुहाति सुखी जीवन के गन हैं।
फूले हैं कुमुद फूली मालती सघनवन फूलि रहे तारे मानो मोती अनगन हैं।
उदित विमल चंद चाँदनी छिटकि रही राम कैसो जस अध ऊरध गगन है।
तिमिर हरन भयो सेत है बरन सब मानहुँ जगत क्षीर सागर मगन है।

–सेनापति

98

श्रीरामचंद्र कृपालु भजुमन हरन भव भय-दारुनं।
नवकंज-लोचन, कंजमुख, करकंज पदकंजारुनं॥
कंदर्प-अगनित-अमित-छवि, नवनील नीरदसुन्दरं।
पटपीत मानहुँ तड़ितरुचिसुचि नौमिजनक-सुतावरं॥

भजु दीनबन्धुदिनेस दानव-दैत्य-वंस-निकंदनं।
रघुनंद आनन्दकंद कोसलचंद दसरथ-नन्दनं॥
सिरमुकुट, कुण्डलतिलकचारु, उदासअंग विभूषनं।
आजानुभुज, सर-चाप-धर, संग्राम-जित-खरदूषनं॥
इति बदति तुलसीदास संकर-सेष-मुनि-मन-रंजनं।
मम हृदय-कंज निवासकरु, कामादि-खल-दल-गंजनं॥

—तुलसीदास

99

हरति सब आरती आरती राम की।
दहन दुख दोष निर्मूलिनी काम की॥1॥
सुभग सौरभ धूप दीपवर मालिका।
उड़त अध-बिहंग सुनि ताल करतालिका॥2॥
भक्त-हृदि-भवन, अग्यान-तम-हारिनी।
बिमल बिग्यानमय तेज-बिस्तारिनी॥3॥
मोह - मद - कोह - कलि - कंज - हिमजामिनी।
मुक्ति की दूतिका देह-दुति दामिनी॥4॥
प्रनत - जन - कुमुद - बन - इन्दु - कर - जालिका।
तुलसी अभिमान-महिषेस बहुकालिका॥5॥

—तुलसीदास

100

सेवहु सिव-चरन-सरोज-रेनु। कल्यान-अखिल-प्रद कामधेनु॥
कर्पूर गौर करुना-उदार। संसार-सार भुजगेन्द्र हार॥
सुख-जनमभूमि महिमा अपार। निर्गुन, गुननायक, निराकार॥
त्रय नयन, मयन-मर्दन महेस। अहंकार-निहार उद्दित निदेस॥
बर बाल निसाकर मौलि भ्राज। त्रैलोक-सोकहर प्रमथराज॥
जिन्ह कहँ निधि सुगति न लिखी भाल। तिन्हकी गति कासीपत कृपाल॥
उपकारी कोऽपर हर समान। सुर-असुर जरत कृत गरल-पान॥

बहु कल्प उपायन करि अनेक। बिनुसंभु कृपा नहि भव-विवेक॥
विज्ञान-भवन, गिरिसुता-रवन क़ह तुलसिदास मम त्रास-समन॥

—तुलसीदास

101

जै जै भगीरथ-नन्दिनि, मुनि-चय-चकोर-चन्दिनि,
नर-नाग-बिबुध-बन्दिनि, जय जन्हु-बालिका।
विष्णु-पद-सरोज जासि, ईस-सीस पर बिभासि,
त्रिपथिगासि, पुन्यरासि, पाप-छालिका॥1॥
बिमल बिपुल बहस वारि, सीतल त्रयताप-हारि,
भँवर बर बिभंगतर तरंग-मालिका।
पुरजन पूजोपहार, सोभित ससि धवलधार,
भंजन भव-भार भक्ति-कल्प-थालिका॥2॥
निज तटवासी बिहंग, जल-थल-चर पसुपतंग, कीट,
जटिल तापस सब सरिस पालिका।
तुलसी तव तीर तीर सुमिरत रघुबंस बीर,
बिचरत मति देहि मोह-महिष-कालिका॥3॥

—तुलसीदास

102

ऐसी तोहि न बूझिये हनुमान हठीले।
साहब कहूँ न राग से, तो से न उसीले॥1॥
तेरे देखत सिंह के सिसु मेढक लीले।
जानत हौं कलि तेरे ऊ मन गुनगन कीले॥2॥
हाँक सुनत दसकंध के भये बंधन ढीले।
सो बल गयो, किधौं भये, अब गर्व गहीले॥3॥
सेबक को परदा फटे तू समरथ सी ले।
अधिक आपुतें आपुनों सुनि मान सही ले॥4॥
साँसति तुलसीदास की सुनि सुजस तुही ले।
तिहूँ काल तिनको भलो जे राम रँगीले॥5॥

—तुलसीदास

103

कबहुक अम्ब, अवसर पाइ।
मेरि ओ सुधि द्याइबी, कछु करुन-कथा चलाइ॥1॥
दीन सब अंगहीन छीन मलीन अघी अघाइ।
नाम लै भरै उदर एक प्रभु-दासी-दास कहाइ॥2॥
बूझि हैं 'सो है कौन' कहिबी नाम दसा जनाइ।
सुनत राम कृपालु के मेरी बिगरिऔ बनि जाइ॥3॥
जानकी जगजननि जन की किये बचन सहाइ।
तेरे तुलसीदास भव तव-नाथ-गुनगन गाइ॥4॥

—तुलसीदास

104

खोटो खरो रावरो हौ, रावरे सों झूठ क्यौं कहौंगे,
जानो सबही के मन की।
करम बचन हिये कहौं न कपट किये
ऐसी हठ जैसी गाँठि पानी परे सन की॥1॥
दूसरो भरोसो नाहिं वासना उपासना को,
बासव विरंचि, सुर, नर, मुनिगन की।
स्वारथ के साथी मेरे हाथी स्वान लेवा देई,
काहू तो न पीर रघुबीर दीन जनकी॥2॥
साँप सभा साबर लबार भये देव दिव्य,
दुसह साँसति कीजै आगे ही या तनकी।
साँचे परौं पाऊँ पान, पंचन में मन प्रमान,
तुलसी-चातक आस रामश्यामघन की॥3॥

—तुलसीदास

105

तू दयालु, दीन हौं, तू दानि हौं भिखारी।
हौं प्रसिद्ध पातकी, तू पापपुंज-हारी॥

नाथ तू अनाथ को, अनाथ कौन मोसो।
मो समान आरत नहिं आरति हर तोसो॥
ब्रह्म तू, हौं जीव, तू ठाकुर, हौं चेरो।
तात, मात, गुरु, सखा तू सब बिधि हितु मेरो॥
तोहिं मोहिं नाते अनेक मानिये जो भावै।
ज्यों त्यों तुलसी कृपालु! चरन-सरन पावै॥

—तुलसीदास

106

मेरो मन हरिजू! हठ न तजै।
निसिदिन नाथ! देउँ सिख बहु बिधि, करत सुभाउ निजै॥
ज्यों जुवती अनुभवति प्रसव अति दारुन दुख उपजै।
है अनुकूल बिसारि सूल सठ पुनि खल पतिहिं भजै॥
लोलुप भ्रमत गृहपसु ज्यों तहँ तहँ सिर पदत्रान बजै।
तदपि अधम बिचरत तेहि मारग कबहुँ न मूढ़ लजै॥
हौं हास्यौ करि अतन बिबिध बिधि अतिसै प्रबल अजै।
तुलसिदास बस होइ तबहिं जब प्रेरक प्रभु बरजै॥

—तुलसीदास

107

ऐसा मूढ़ता या मन की।
परिहरि राम-भक्ति-सुरसरिता आस करत ओसकन की॥
धूम-समूह निरदिन चातक ज्यों, तृषित जानि मति घन की।
नहिं तहँ सीतलता, न बारि, पुनि हानि होत लोचन की॥
ज्यों गजकाँच बिलोकि सेन जड़ छाँह आपने तन की।
टूटत अति आतुर अहार बस, छ बिसारि आनन की॥
कहँ लौं कहौं कुचाल कृपानिधि, जानत हौ गति जन की।
तुलसिदास प्रभु हरहु दुसह दुख, करहु लाज निजपन की॥

—तुलसीदास

108

अब लौं नसानी अब न नसैहौं।
राम-कृपा भव-निसा सिरानि, जोग पुनि न डसै हौं॥
पायो नाम चारुचिंतामनि, उर कर ते न खसै हौं।
श्याम रूप सुचि रुचिर कसौटी, चित कंचनहि कसैहौं॥
परबस जानि हँस्यौ इन इंद्रिन, निज बस ह्वै न हँसैहों।
मन मधुकर पन कै तुलसी रघुपति-पद-कमल बसै हौं॥

—तुलसीदास

109

द्वार हौं भोर ही को आज।
रटत रिरिहा आरि और न कौर ही तें काज॥1॥
कलि कराल दुकाल दारुन सब कुभाँति कुसाज।
नीच जन मन ऊँच, जैसी कोढ़ में की खाज॥2॥
हहरि हिय में सदय बूभ्यो जाइ साधु-समाज।
मोहुसे कहुँ कतहुँ कोउ तिन्ह कह्यो कोसलराज॥3॥
दीनता दारिद दलै को कृपा-बारिधि बाज।
दानि दसरथ राम के तुम बानइत-सिरताज॥4॥
जनम को भूखो भिखारी हौं गरीब-निवाज।
पेटभरि तुलसिहि जेंवाइय भगति-सुधा-सुनाज॥5॥

—तुलसीदास

110

तुम जनि मन मैलो करो, लोचन जनि फेरो।
सुनहु राम, बिनु रावरे लोकहुँ परलोकहुँ कोउ न कहूँ हितु भेरो॥
अगुन अ-लायक आलसी जानि अधम अनेरो।
स्वारथ के साथिन्ह तज्यो तिजरा कोसो टोटक औचट उलटि न हेरो॥
भगति-हीन वेद-बाहिरो लखि कलि-मल घेरो।
देवनि हूँ, देव! परिहरयो, अन्याब न तिनको, हौं अपराधी सब केरो॥

नाम की ओट लै पेट भरत हौं, पै कहावत चेरो।
जगत-बिदित बात है परी समुझिये धौं अपने लोक कि बेद बड़ेरो॥
हैहै जब-तब तुम्हहिं तें तुलसी को भलेरो।
देव! दिन हूँ दिन बिगरि है, बलि जाउँ, बिलंब किये, अपनाइये सबेरो॥

—तुलसीदास

111

कहा न कियो, कहाँ न गयो, सीस काहि न नायो।
राम! रावरे बिन भये जन जनमि जनमि जगदुख दसहूँ दिसि पायो॥
आस-बिबस खास दास है नीच प्रभुनि जनायो।
हाहा करि दीनता कही द्वार द्वार बार बार परी न छार मुँह बायो॥
असन-बसन बिनु बावरो जहँ तहँ उठि धायो।
महिमामान प्रिय प्रान ते तजि खोलि खलनि आगे खिनु-खिनु पेट खलायो॥
नाथ! हाथ कछु नाहिं लग्यो लालच ललचायो।
साँच कहौं नाच कौन सो जो न मोहिं लोभ लघु निलज नचायो॥
स्रवन नयन मन मग लगे सब कलपति तायो।
मूड़ मारि हिय हारि कै हित हेरि हहरि अब चरन-सरन तकि आयो॥
दसरथ के समरथ तुही त्रिभुवन जसु गायो।
तुलसी नमत बलि, बाँह-खोल दै बिरदावली बुलायो॥

—तुलसीदास

112

तौ लागि या मन सदन में, हरि आवैं केहि बाट।
विकट जटे जौं लौं निपट, खुलैं न कपट कपाट॥

—बिहारीलाल

113

जैसो तैं न मो सों कहूँ नेक हू डरात हुतो,
ऐसो अब हौं हूँ तो सों नेक हू न डरि हौं।

कहै ‘पदमाकर’ प्रचंड जौ परैगो तौ,
उमंडि करि तो सों भुजदंड ठोंकि लरि हौं॥
चलो-चलु चलो-चलु बिचलु न बीच ही तें,
कीच बीच नीच तो कुटुम्ब को कचरि हौं॥
ए रे दगादार मेरे पातक अपार तोहि,
गंगा की कछार में पछार छार करि हौं॥

—पद्माकर

114

प्रलै के पयोनिधि-लौं लहरें उठन लागीं,
लहरा लग्यो त्यों होन पौन पुरवैया को।
भीर भरी झाँझरी बिलोकि मँझधार परी,
धीर न धरात ‘पदमाकर’ खेवैया को।
कहा वार कहा पार जानी है न जात कछु,
दूसरो दिखात न रखैया और नैया को।
बहन न पैहै घेरि घाटहि लगै है, ऐसो,
अमित भरोसो मोहि मेरे रघुरैया को॥

—पद्माकर

115

झूमत द्वार अनेक मतँग जँजीर जरे मद अंबु चुचाते।
तीखे तुरंग मनोगति चंचल, पौनके गौनहु ते बढ़ि जाते॥
भीतर चन्द्रमुखी अवलोकति, बाहर भूप खरे न समाते।
ऐसे भये तौ कहा तुलसी जु पै जानकीनाथ के रंग न राते॥

—तुलसीदास

116

अब मैं नाच्यो बहुत गोपाल।
काम क्रोध को पहिरि चोलना, कंठ विषय की माल॥

महा मोह को नूपुर बाजत निन्दा शब्द रसाल।
भरम भये मन भयो पखावज, चलत कुसंगत चाल॥
तृष्णा नाद करत घट भीतर नाना बिधि दे ताल।
माया को कटि फेंटा बाँध्यो लोभ तिलक दियो माल॥
कोटिक कला काँछि देखराई जल, थल सुधि नहिं काल।
सूरदास की सबै अविद्या दूरि करो नँदलाल॥

—सूरदास

117

आजु हौं एक एक करि टरि हौं।
कै हमहीं कै तुमहीं माधव, अपुन भरोसे लरि हौं॥
हौं तो पतित सात पीढ़िन को, पतितै है निस्तरि हौं।
अब हौं उघरि नचन चाहत हौं, तुम्हें बिरद बिनु करि हौं॥
कत अपनी परतीति नसावत, मैं पायो हरि हीरा।
सूर पतित तबहीं लै उठि है, जब हँसि दैहो बीरा॥

—सूरदास

118

मानुष हौं तौ वही 'रसखानि', बसौं ब्रज गोकुल गाँव के ग्वारन।
जो पशु हौं तौ कहा बस मेरो, चरौं नित नंद की धेनु मँझारन॥
पाहन हौं तौ वही गिरि को, जो धर्‌यो कर छत्र पुरंदर धारन।
जो खग हौं तौ बसेरो करौं नित, कालिंदी कूल कदंब की डारन॥

—रसखान

119

या लकुटी अरु कामरिया पर, राज तिहुँ पुर को तजि डारौं।
आठहु सिद्ध नवो निधि को सुख, नंद की गाय चराय बिसारौं॥
'रसखानि' कबौं इन आँखिनतैं, ब्रज के बन बाग तड़ाग निहारौं।
कोटिन हूँ कलधौत के धाम, करील के कुंजन ऊपर वारौं॥

—रसखान

120

देस बिदेस के देखे नरेसन, रीझि के कोऊ न बूझ करैगो।
तातें तिन्हें तजि, लौटि पर्‌यों गुनि, को गुन औगुन गाँठि परैगो॥
बाँसुरीवारो बड़ो रिझवार है, जो कहुँ नैकु सुढार ढरैगो।
तौ वह लाड़लो छैल अहीर को, पीर हमारे हिये की हरैगो॥

–रसखान

121

मेरे तो गिरधर गोपाल दूसरा न कोई।
दूसरा न कोई साधो सकल लोक जोई।।
भाई छोड़्या बंधु छोड़्या छोड़्या सगा सोई।
सन्तन ढिग बैठि-बैठि लोक-लाज खोई॥
भगत देख राजी हुई जगत देख रोई।
असुवन जल सींचि-सींचि प्रेम-बेलि बोई॥
दधि मथ घृत काढ़ि लियो डार दई छोई।
राणा विष को प्यालो भेज्यो पियो मगन होई॥
अब तौ बात फैलि गयी जानै सब कोई।
मीरा राम लगन लागी होनी होय सो होई॥

–मीरा

122

सखी मेरी नींद नसानी हो।
पिया को पंथ निहारते सब रैन बिहानी हो।
सखियन मिल के सीख दई, मन एक न मानी हो।
बिन देखे कल ना परे, जिय ऐसी ठानी हो।
अँग छीन ब्याकुल भई, मुख पिय पिय बानी हो।
अंतर बेदन बिरह की, वह पीर न जानी हो।
ज्यों चातक घन को रटे, मछरी जिमि पानी हो।
मीरा ब्याकुल बिरहनी, सुध बुध बिसरानी हो।

–मीरा

123

मीरा मन मानी सुरत सैल असमानी।
जब जब सुरत लगे वा घर की, पल पल नैनन पानी।
ज्यों हिये पीर तीर सम सालत, कसक कसक कसकानी।
रात दिवस मोहिं नींद न आवत, भावे अन्न न पानी।
ऐसी पीर बिरह तन भीतर, जागत रैन बिहानी।
ऐसा बैद मिलै कोई भेदी, देस बिदेस पिछानी।
तासों पीर कहूँ तन केरी फिर नहिं भरमों खानी।
खोजत फिरों भेद वा घर को, कोई न करत बखानी।
रैदास संत मिले मोहिं सतगुरु, दीन्हा सुरत सहदानी।
मैं मिली जाय पाय पिय अपना, तब मेरी पीर बुझानी।
मीरा खाक खलक सिर डारी, मैं अपना घर जानी।

–मीरा

124

लालन मेरा लाड़ला, रूप बहुत तुझ माहिं।
सुन्दर राख नैन में, पलक उघारै नाहिं॥

–सुन्दरदास

125

अब कैसे छुटै नाम रट लागी।
प्रभु जी तुम चन्दन, हम पानी। जाकी अँग अँग बास समानी।
प्रभु जी तुम धन बन, हम मोरा। जैसे चितवत चंद चकोरा।
प्रभु जी तुम दीपक, हम बाती। जाकी जोति बरै दिन राती।
प्रभु जी तुम मोती, हम धागा। जैसे सोनहि मिलत सोहागा।
प्रभु जी तुम स्वामी हम दासा। ऐसी भक्ति करै रैदासा।

–रैदास

126

मोरा पिया बसै कौने देस हो।
अपने पिया के ढूँढ़न हम निकसीं, कोई न कहत सँदेस हो।
पिय कारन हम भई हैं बावरी धरयो जोगिनिया कै भेस हो।
ब्रह्मा बिस्नु महेस न जाने का जानै सारद सेस हो॥
धनि जो अगम अगोचर पइलन हम सब सहत कलेस हो।
उहाँके हाल कबीर गुरु जानैं आवत जात हमेस हो॥

—धरमदास

127

झरि लागै महलिया गगन घहराय।
खन गरजै खन बिजुली चमकै, लहर उठै शोभा बरनि न जाय।
सुन महलसे अमृत बरसै, प्रेम अनन्द है साधु नहाय॥
खुली किवरिया मिटी अँधियरिया, धन सतगुरु जिन दिया लखाय।
धरमदास बिनवै कर जोरी, सतगुरु चरन में रहत रमाय॥

—धरमदास

128

आई गवनवा की सारी। उमिर अबहीं मोरि बारी।
साज समाज पिया लै आये, और कहरिया चारी,
बम्हना बेदरदी अचरा पकरि के, जोरत गँठिया हमारी
सखी सब पारत गारी॥
बिधि गति बाम कछु समझ परत ना, बैरी भई महतारी।
रोय रोय अँखियाँ मोर पोंछत, घरवा से देत निकारी
भई सब कौ हम भारी॥

—कबीर

129

आज सुहाग की रात पियारी। क्या सोवै मिलने की बारी।
आये ढोल बजावत बाजन। बनरी ढाँप रही मुख लाजन।
खोल घुंघट मुख देखैगा साजन॥

सिर सोहै सेहरा हाथ सोहै कंगना। झूमत आवै बन्ना मेरे अँगना।
कहत कबीर कर दरपन लीजै। अब मन माने सोई सोइ कीजै।

—कबीर

130

जाग पियारी अब का सोवै। रैन गई दिन काहे को खोवै।
ज़िन जागा तिन मानिक पाया। तैं बौरी सब सोय गँवाया।
पिय तेरे चतुर तू मूरख नारी। कबहुँ न पियकी सेज सँवारी।
तैं बौरी बौरापन कीन्हों। भर जोबन पिय अपन न चीन्हों।
जाग देख पिय सेज न तेरे। तोहि छाँड़ि उठि गये सबेरे।
कहैं कबीर सोई धुन जागे। शब्द बान उर अंतर लागे।

—कबीर

131

तन की दुति स्याम सरोरुह लोचन कंज की मंजुलताइ हरैं।
अति सुंदर सोहत धूरि भरे, छबि भूरि अनंग की दूरि धरैं।
दमकैं दुँतिया दुति दामिनि ज्यों, किलकैं कलबाल बिनोद करैं।
अवधेस के बालक चारि सदा तुलसी मन-मन्दिर में बिहरैं॥
कबहूँ ससि माँगत आरि करैं, कबहूँ प्रतिबिंब निहारि डरैं।
कबहूँ करताल बजाइ कै नाचत, मातु सबै मन मोद भरैं।
कबहूँ रिसिआइ कहैं हठिकै, पुनि लेत सोइ जेहि लागि अरैं।
अवधेस के बालक चारि सदा तुलसी मन-मदिर में बिहरैं॥

132

बर दन्त की पंगति कुन्दकली अधराधर पल्लव खोलन की।
चपला चमकै घन बीच जगै छबि मोतिन माल अमोलन की।
घुँघरारी लटैं लटकैं मुख ऊपर, कुंडल लोल कपोलन की।
निवछावरि प्रान करै तुलसी बलि जाऊँ लला इन बोलन की॥
पदकंजनि मंजु बनी पनहीं धनुहीं सर पंकज पानि लिये।

लरिका संग खेलत डोलत हैं सरजूतट चौहट हाट हिये।
तुलसी अस बालक सों नहिं नेह कहा जप जोग समाधि लिये।
नर ते खर सूकर स्वान समान कहौ जग में फल कौन जिये॥

—तुलसीदास

133

पालने झूलो मेरे लाल पियारे।
मुसकनि की हौं बलि-बलि करौं, तिल-तिल हठ न करहुजे दुलारे॥
काजर हाथ भरो जिनि मोहन, ह्वै हैं नैन अतिहि रतनारे।
सिर कुलही पहिराय पैजनी, तहाँ जाहुँ जहँ नन्द बवारे॥
यह बिनोद देखत धरनीधर, मात पिता बलभद्र ददारे।
सुर नर मुनि कौतूहल भूले, देखत सूर श्याम हैं कारे॥

—सूरदास

134

कहन लगे मोहन मैया, मैया।
पिता नँद सों बाबा अरु हलधर सों भैया॥
ऊँचे चढ़ि चढ़ि कहत यशोदा लै लै नाम कन्हैया।
दूर कहूँ जिन जाहु ललारे मारेगी काहू की गैया॥
गोपी ग्वाल करत कौतूहल, घर-घर लेत बधैया।
मनि खंभन प्रतिबिंब बिलोकत, पुनि नवनीत कुँवर हरि पैया॥
नन्द यशोदाजी के उरते, इह छबि अनत न जैया।
सूरदास प्रभु तुम्हरे दरस को, चरनन की बलि मैया॥

—सूरदास

135

घुटुरुवन चलत श्याम मणि आँगन मात पिता दोउ देखत री।
कबहुँक किलकिलात मुख हेरत कबहुँ जननि मुख पेखत री॥
लटकन लटकत ललित भाल पर काजर बिंदु भ्रुव ऊपर री।

यह शोभा नैननि भरि देख, नहिं उपमा तिहुँ भूपर री॥
कबहुँक दौरि घुटुरुवन लटकत गिरत परत फिरि धावत री।
इतते नन्द बुलाइ लेत हैं, उतते जननि बुलावत री॥
दम्पति होड़ करत आपस में, श्याम खिलोना कीनो री।
सूरदास प्रभु ब्रह्म सनातन सुत हित करि दोऊ लीनो री॥

—सूरदास

136

सिखवत चलन यशोदा मैया।
अरबराइ कर पानि गहावत, डगमगाइ धरनी धरै पैया॥
कबहुँक सुन्दर बदन बिलोकति उर आनँद भरि लेत बलैया।
कबहुँक बलि को टेरि बुलावत इहि आँगन खेलो दोउ भैया॥
कबहुँक कुल देवता मनावत, चिर जीवै मेरो बाल कन्हैया।
सूरदास प्रभु सब सुखदायक अति प्रताप बालक नँदरैया॥

—सूरदास

137

बार बार यसुमति सुत बोधति आउ चन्द तोहिं लाल बुलावै।
मधु मेवा पकवान मिठाई आपु न खइहै तोहिं खवावै॥
हाथहिं पर तोहिं लीने खेले, नहिं धरनी बैठावै।
जलभाजन कर लै जो उठावति याही में तनु धरि आवै॥
जलपुट आनि धरनि पर राख्यो, गहि आन्यो वह चन्द्र दिखावै।
सूरदास प्रभु हँसि मुसकाने बार बार दोऊ कर नावै॥

—सूरदास

138

शोभित कर नवनीत लिये।
घुटरुन चलत रेनु तन मंडित मुख दधि लेप किये।
चारु कपोल लोल लोचन गोरोचन तिलक किये।

लट लटकनि मनो मत्त मधुप गन मादक मदहि पिये।।
कठुला कंज वज्र केहरि नख राजत रुचिर हिये।
धन्य सूर एको पल या सुख का शत कल्प जिये।।

—सूरदास

139

आज बने बनते ब्रज आवत।
नाना रंग सुमन की माला, नन्दनंदन उरपर छवि छावत॥
संग गोप गोधन संग लीने, नाना गति कौतुक उपजावत।
कोउ गावत कोउ नृत्य करत कोउ उछटत कोऊ ताल बजावत॥
राँभत गाइ बच्छ हित सुधि करि, प्रेम उमँगि थन दूध चुवावत।
यशुमति बोलि उठी हरखित है, कान्हा धेनु चराये आवत॥
इतनी कहत आइ गए मोहन जननी दोरि हिये लै लावत।
सूर श्याम के कृत यशुमति सों, ग्वाल बाल कहि प्रगट सुनावत॥

—सूरदास

140

आबहु कान्ह साँझ की बिरियाँ।
गाइन माँझ भये हौ ठाढ़े, कहत जननि यह बड़ी कुबेरियाँ॥
लरिकाई कहुँ नेक न छाँड़त, सोइ रहो सुथरी सेजरियाँ।
आए हरि यह बात सुनत ही, धाइ लिए यशुमति महतरियाँ॥
लै पौढ़ी आँगन ही सुत को छिटकि रही आछी उजियरिया।
सूरदास कछु कहत-कहत ही, वश करि लिए आइ नींदरिया॥

—सूरदास

141

सीस जटा उर बाहु बिसाल, बिलोचन लाल तिरीछीसी भौहैं।
तून सरासन बान धरे, तुलसी बन मारग में सुठि सोहैं।
सादर बारहिं बार सुभाय चितै तुम त्यों हमरो मन मोहैं॥

पूछति ग्रामवधू सिसौं कहौ साँवरे से सखि रावरे को हैं॥
सुनि सुंदर बैन सुधारस साने सयानी हैं जानकी जानी भली।
तिरछे करि नैन दै सैन तिन्हैं समुझाइ कछू मुसुकाइ चली।
तुलसी तेहि औसर सो हैं सबै अवलोकति लोचन-लाहु अली।
अनुराग-तड़ाग में भानु उदै बिगसीं मनो मंजुल कुंज कली॥
धरि धीर कहैं चलु देखिय जाइ जहाँ सजनी रजनी रहिहैं।
कहि है जग पोच न सोच कछू फल-लोचन आपन तो लहिहैं।
सुख पाइ हैं कान सुने बतियाँ, कल आपुस में कछु पै कहि हैं।
तुलसी अति प्रेम लगी पलकैं, पुलकीं लखि राम हिये महि हैं॥

–तुलसीदास

142

अंग ही अंग जराव जरो, अरु सीस बनी पगिया जरतारी।
मोतिन माल हिये लटकैं, लटुआ लटकै सब घूँघरवारी॥
पूस पुन्यनि तैं 'रसखानि', ये मोहिनी मूरति आनि निहारी।
चारों दिसा के महाअघ हाँके, जो झाँके झरोखन में बाँकेबिहारी॥

–रसखान

143

दृग दूने खिंचे रहैं कानन लौं, लट आनन पै लहराय रही।
छक छैल छबीली छटा छहराय कै, कौतुक कोटि दिखाय रही॥
झुक झूम झमाकन चूम अमी, चहि चाँदनी चंद चुराय रही।
मन भाय रही 'रसखानि' महा, छबि मोहन को तरसाय रही॥

–रसखान

144

दोउ कानन कुंडल, मोर पखा, सिर सोहै दुकूल नयो चटको।
मनिहार गरे सुकुमार धरे, नट भेस अरे पिय को टटको॥

सुम काछली बैंजनी, पैजनी, पाँयन आवन मैं न लगै झटको।
वह सुंदर को 'रसखानि' अली जु गलीन में आइ अबै अँटको॥

—रसखन

145

गुंज गरे, सिर मोर पखा, अरु चाल गयंद की मो मन भावै।
साँवरो नंदकुमार सबै, ब्रजमंडली में ब्रजराज कहावै॥
साज समाज सबै सिरताज, औ छाज की बात नहीं कहि आवै।
ताहि अहीर की छोहरियाँ, छछिया भरि छाछ पै नाच नचावैं॥

—रसखान

146

धूर भरे अति सोभित स्याम जू, तैसी बनी फिर सुन्दर चोटी।
खेलत खात फिरै अँगना, पग पैंजनियाँ कटि पीरी कछोटी॥
वा छबि को 'रसखानि' बिलोकत, बारत काम कला निज कोटी।
काग के भाग बड़े सजनी, हरि हाथ सौं लै गयो माखन रोटी॥

—रसखान

147

मोर पखा मतिराम किरीट में कंठ बनी बनमाल सुहाई।
मोहन की मुसकानि मनोहर, कुंडल डोलनि में छवि छाई।
लोचन लोल बिसाल बिलोकनि कोन बिलोकि भयो बस माई।
वा मुख की मधुराई कहा कहौं, मीठी लगै अँखियान लुनाई॥

—मतिराम

148

पीत झँगुलिया पहिरि कै, लाल लकुटिया हाथ।
धूरि भरे खेलत रहे, ब्रजबासिन ब्रजनाथ॥

—मतिराम

149

नन्द क नन्दन कदम्ब क तरु तरे धिरे धिरे मुरलि बजाव।
समय सँकेत-निकेतन बइसल बेरि-बेरि बोलि पठाव।
साँवरी तोरा लागि अनुखने बिकल मुरारि।
जमुना क तिर उपवन उद्वेगल फिरि-फिरि ततहि निहार।
गोरस बिके अब इते जाइते जनि जनि पुछ बनमारि।
तोहे मतिमान सुमति मधुसूदन बचन सुनह किछु मोरा।
भनइ विद्यापति सुन बर जौवति बन्दह नन्द किशोरा॥

–विद्यापति

150

सरस बसन्त समय भल पाओलि दछिन पवन बह धीरे।
सपनेहु रूप वचन यक भाषिय मुख से दुरि करु चीरे।
तोहर बदन सम चाँद होअथि नहिं जै यो जतन बिह देला।
कै बेरि काटि बनावल नव कय तैयो तुलित नहिं भेला।
लोचन तूअ कमल नहिं भैसक से जगके नहिं जाने।
से फिर जाय लुकैनत जलभय पंकज निज अपमाने।
भनहि विद्यापति सुन वर जौवति ईसभ लछमि समाने।
राजा शिवसिंह रूपन रायन लखिमा देइ प्रतिभाने॥

–विद्यापति

151

सखि कि पुछसि अनुभव मोय।
सेही परित अनुराग बखानइत तिले तिले नूतन होइ।
जनम अवधि हम रूप निहारल नयनन तिरपति भेल।
सेहो मधुर बोल स्रवनहिं सुनइल स्रुतिपथे परस न गेल।
कत मधु जामिनि रससे गमाओल न बुझल कैसन केल।
लाख लाख जुग हिअ हिअ राखल तइओ हिया जुड़ल न गेल।

केत बिदगध जन रस अनुगमन अनुभव काहु न पेख।
विद्यापति कह प्राण जुड़ाइत लाखये न मिलल एक॥

–विद्यापति

152

अरुन किरन किछु अम्बर देल।
दीपक सिखा मलिन भये गेल।।
हठ तज माधव जएवा देह।
राखए चाहिअ गुपुत सनेह।।
दुरजन जाएत परिजन कान।
सगर चतुरपन होएत मलान।।
भमर कुसुम रमि न रह अगोरि।
केओ नहि बेकत करए निअ चोरि।।
अपनयें धन हे धनिक धर गोए।
परक रतन परगट कर कोए।।
फाब चोरि जौं चेतन चोर।
जागि जाए पुर परिजन पोर।।
भनइ विद्यापति सखि कह सार।
से जीवन जे पर उपकार।।

–विद्यापति

153

अरुन पुरब दिसा बितलि सगरि निसा गगन मगन भेल चंदा।
मूदि गेलि कुमुदिन तइयो तोहर धनि मूदल मुख अरबिंदा।
चाँद बदन कुबलय दुहु लोचन अधर मधुरि बिरमान।
सगर सरीर कुसुम तोंए सिरिजल किए दहु हृदय पखान।
अस कति करह ककन नहिं पहिरह हार हृदय भेल भार।
गिरि सम गरुअ मान नहिं मुंचसि अपरुब तुअ वेवहार।
अवगुन परिहरि हेरह हरखि धनि मानक अबध बिहान।
राजा सिबसिंघ रूप नरायन कवि विद्यापति भान।

–विद्यापति

154

देखि गदर हित साहिबी, दिल्ली नगर मसान।
छिनहिं बादसा बंसकी, ठसक छाँड़ि 'रसखान'।
तोरि मानिनी ते हियो, फोरि मोहिनी-मान।
प्रेम देव की छबिहिं लखि, भये मियाँ 'रसखान'॥
प्रेम निकेतन श्री बनहिं, पाइ गोवर्धन धाम।
लह्यो सरन चित चाहि के जुगल सरूप ललाम।
कहा करै 'रसखान' को, कोऊ चुगुल लबार।
जो पै राखनहार है, माखन चाखनहार॥

—रसखान

155

राम को गुलाम, नाम रामबोला राख्यौ राम,
काम यहै नाम द्वै हों कबहूँ कहत हौं।
रोटी लूँगा नीके राखें, आगेहू की वेद भाखैं,
भलो होईहै तेरो ताते आनंद लहत हौं॥
बाँध्यो हौं करम जड़ गरब निगड़ गूढ़,
सुनत दुसह हौं तो साँसति सहत हौं।
आरत-अनाथ-नाथ कौसल कृपालपाल,
लीन्हों छीनि दीन देख्यो दुरित दहत हौं॥
बूभयौ ज्योंही, कह्यौ मैहूँ चेरो ह्वैहौं रावरोजू,
मेरो कोऊ कहूँ नाहिं चरन गहत हौं।
मीजो गुरुपीठ अपनाइ गहै बाँह-बेलि
सेवक सुखद सदा बिरद बहत हौं॥
लोग कहैं पोच, सो न सोच न संकोच
मेरे ब्याह न बरेखी जाति-पाँति न चहत हौं।
तुलसी, अकाज काज राम ही के रीझे खीझे
प्रीति की प्रतीति मन मुदित रहत हौं॥

—तुलसीदास

156

धूत कहौ अवधूत कहौ रजपूत कहौ जुलहा कहौ कोऊ।
काहू की बेटी सों बेटा न ब्याहब काहू की जाति बिगार न सोऊ।
तुलसी सरनाम गुलाम है राम को जाको रुचै सो कहै कछु ओऊ।
माँगिकै खैबो मसीत को सोइबो, लैबे को एकन देबेको दोऊ॥

—तुलसीदास

157

कहा न कियो, कहाँ न गयो, सीस काहि न नायो?
राम! रावरे बिन भये जन जनमि जनमि जग दुख हसहूँ दिसि पायो॥
आस-बिबस खास दास है नीच प्रभुनि जनायो।
हाहा करि दीनता कही द्वार द्वार बार बार, परी न छार मुँह बायो॥
असन-वसन बिनु बावरो जहँ-तहँ उठि धायो।
महिमा मान प्रिय प्रान तें तजि खोलि खलनि आगे खिनु-खिनु पेट खलाओ॥
नाथ! हाथ कछु नाहिं लग्यो लालच ललचायो।
साँच कहौं नाच कौन सो जो न मोहिं लोभ लघु निलज नचायो॥
स्रवन नयन मन मग लगे सब थलपति तायो।
मूड़ मारि हिय हारि कै हित हेरि हहरि अब चरन-सरन तकि आयो॥
दशरथ के समरथ तुही त्रिभुवन जसु गायो।
तुलसी नमत अवलोकिये, बलि, बाँह-बोल दै बिरदावली बुलायो॥

—तुलसीदास

158

जाति के सुजाति के कुजाति के पेटागि-बस, खाये टूक सबके बिदित बात दुनी सो।
मानस बचन काय किये पाप सति भाय राम को कहाय दास दगाबाज पुनी सो।
रामनाम को प्रभाउ पाउ महिमा प्रताप तुलसी से जग मनियत महामुनी सो।
अतिही अभागो अनुरागत न रामपद, मूढ़ ऐतो बड़ो अचरज देखि सुनी सो।
जायो कुल मंगन बधावनो बजायो सुनि भयो परिताप पाप जननी जनक को।

बारे तें ललात बिललात द्वार-द्वार दीन, जानत हौं चारि फलचारि ही चनक को।
तुलसी सो साहिब समर्थ को सु-सेवक है, सुनत सिहात सोच बिधिहू गनक को।
नाम राम रावरो सयानो किधों बावरो, जो करत गिरी तें गरु तृन तें तनक को।
कोऊ कहै करक कुसाज दगाबाज बड़ो, कोऊ कहै राम को गुलाम खरो खूब है।
साधु जानै महासाधु, खल जानै महाखल, बानी झूठी-साँची कोटि उठत हबूब है।
चहत न काहू सों न कहत काहू की कछु सबकी सहत उर अन्तर न दूऊब है।
तुलसी को भलो-पोच हाथ रघुनाथ ही के राम की भगति भूमि मेरी मति दूब है॥

—तुलसीदास

159

ए रहीम दर दर फिरहिं, माँगि मधुकरी खाहिं।
यारो यारी छोरिए, वे रहीम अब नाहिं।।

* * * *

अंतर दाब लगी रहै, धुआँ न प्रगटै सोय।
कै जिय जाने आपनो, जा सिर बीती होय।।

* * * *

कमला थिर न रहीम कहि, यह जानत सब कोय।
पुरुष पुरातन की बधू, क्यों न चंचला होय।

* * * *

कहि रहीम धन बढ़ि घटे, जात धनिन की बात।
घटै बढ़ै उनको कहा घास बेचि जे खात।।

* * * *

कहु रहीम कैसे निभे, बेर-केर को संग।
वे डोलत रस आपने, उनके फाटत अंग।।

* * * *

कहा करौं बैकुंठ लै, कल्पवृक्ष की छाँह।
रहिमन ढाक सुहावनो, जो पीतम गल बाँह।।

* * * *

काह कामरी पामड़ी, जाड़ गए से काज।
रहिमन भूख बुताइये, कैस्यो मिलै अनाज।।

–रहीम

160

दारा की न दौर यह रार नहीं खजुवे की बाँधिबो नहीं है कैधों मीर सहवाल को।
मठ बिस्वनाथ को नबास ग्राम गोकुल को देवी को न देहरा न मन्दिर गोपाल को॥
गाढ़े गढ़ लीन्हें अरु बैरी कतलाम कीन्हें ठौर-ठौर हासिल उगाहत है साल को।
बूड़ति है दिल्ली सो सम्हारै क्यों न दिल्लीपति धक्का आनि लाग्यो शिवराज महाकाल को॥

–भूषण

161

छूटत कमान और तीर गोली बानन के मुसकिल होत मुरचान हू की ओट मैं।
ताही समै सिवराज हुकुम कै हल्ला कियो दावा बाँधि पर हला बीर भट जोट मैं॥
भूषन भनत तेरी किस्मत कहाँ लौं कहौं हिम्मत यहाँ लगि है जाकी भट झोट मैं।
ताव दै दै मूछन कगूरन पै पाँव दै दै अरि मुख घाव दै दै कूदि परे कोट मैं॥

–भूषण

162

झुकत कृपान मयदान ज्यों उदोत भान एकन तें एक मनो सुखमा जरद की।
कहैं कवि गंग तेरे बल की बयारि लागे फूटी गजघटा घन-घटा ज्यों सरद की।
ऐते मान सोनित की नदियाँ उमड़ि चलीं रही न निसानी कहूँ महि में गरद की।
गौरी गह्यौ गिरिपति गनपति गह्यौ गौरी गौरीपति गह्यौ पूछ लपकि बरद की॥

–गंग

163

अरे इन दोउन राह न पाई।
हिन्दू अपनी करै बड़ाई गागर छुवन न देई।
वेश्या के पायन तर सोवैं यह देखो हिन्दुआई।
मुसलमान के पीर औलिया मुरगी मुरगा खाई।
खाला केरी बेटी ब्याहैं घरहि में करैं सगाई॥
बाहर से एक मुरदा लाये धोय-धाय चढ़वाई।
सब सखियाँ मिल जेंवन बैठीं घर भर करै बड़ाई॥
हिन्दुन की हिन्दुआई देखी तुरकन की तुरकाई।
कहै कबीर सुनो भाई साधो कौन राह है जाई॥

–कबीर

164

पाट कीट तें होइ, तातें पाटंबर रुचिर।
कृमि पालै सब कोइ, परम अपावन प्रान सम॥

–तुलसीदास

165

तुलसी पावस के समय, धरी कोकिलन मौन।
अब तो दादुर बोलि हैं, हमैं पूछि है कौन॥
महतो चारो गाम को, मन को बड़ो महीप।
तुलसी या कलिकाल में, अथयो टोडर-दीप॥

तुलसी राम सनेह को, सिर धरि भारी भार।
टोडर काँधा ना दियो, सब कहि रहे उतार॥
तुलसी उर थाला विमल, टोडर गुन गन बाग।
ये दोउ नयननि सींचिहौं, समुझि-समुझि अनुराग॥
राम धाम टोडर गये, तुलसी भये असोच।
जियबो मीत पुनीत बिनु, यही जानि संकोच॥

—तुलसीदास

166

जा दिन मन पंछी उड़ि जै हैं।
ता दिन तेरे तन तरुबर के सबै पात झरि जैहैं।
या देही को गरब न कीजै, स्यार काग गिध खैहैं।
तन गति तीन बिष्ट कृमि है हैं, ना तर खाक उड़ै हैं।
कहँ वह नैन कहाँ वह सोभा, कहँ वह रूप दिखै हैं।
जिन लोगन तें नेह करतु है, तेई देखि घिनै हैं।
घर के कहत सबेरे काढ़ो, भूत होय धरि खै हैं।
जिन पूतन को बहु प्रतिपाल्यो, देवी देव मनै हैं।
तेइ लै बाँस दियो खोपड़ि में, सीस फोरि बिखरै हैं।
अजहूँ मूढ़ करै सतसंगत, संगत में कुछ पै हैं।
कहै कबीर सुनो भाई साधो, आबागबन नसै हैं॥

—कबीर

167

पेट में पौढ़ि कै पौढ़ि महा पलना पर पौढ़ि कै बाल कहाये।
आई जबै तरुनाई तिया सँग सेज पै पौढ़ि कै रंग मचाये॥
छीर समुद्र के पौढ़नहार तिन्हैं बिसराय कहाँ सुख पाये।
पौढ़त पौढ़त पौढ़त ही सो चिता पर पौढ़न के दिन आये॥

—बीरबल

168

साधो ई मुर्दन कै गाँव।
पीर मरे पैगम्बर मरिगे मरिगे जिन्दा जोगी।
राजा मरिगे परजा मरिगे मरिगे वैद्य औ रोगी।
चाँदौ मरिहैं सुर्जौ मरिहैं मरिहैं धरनि अकासा।
चौदह भुवन चौधरी मरिहैं इनहूँ कै का आसा।
नौहू मरिगे दस हू मरिगे मरिगे सहस अठासी।
तेंतिस कोटि देवता मरिगे पड़िगे काल की फाँसी।
नाम अनाम रहै जो सदही दूजा तत्त न होई।
कहै कबीर सुनो भाई साधो भटक मरै मत कोई॥

—कबीर

169

जिन दिन देखे वे कुसुम, गई सो बीति बहार।
अब अलि रही गुलाब में, अपत कटीली डार॥

—बिहारी

170

इहि आशा अटक्यो रहै, अलि गुलाब के मूल।
ह्वइ हैं बहुरि बसन्त ऋतु, इन डारन वे फूल॥

—बिहारी

171

तन्त्री नाद, कवित्त रस, सरस राग रति रंग।
अनबूड़े बूड़े, तरे, जे बूड़े सब अंग॥

—बिहारी

172

राज करत बिनु काज ही, करैं कुचालि कुसाज।
तुलसी ते दसकन्ध ज्यों, जइहैं सहित समाज॥

सभा सुजो धन की सकुनि, सुमति सराहन जोग।
द्रोन बिदुर भीषम हरिहिं, कहैं प्रपंची लोग॥
माली भानुकिसान सम, नीति निपुन नरपाल।
प्रजा भाग बस होंहि गे, कबहुँ, कबहुँ कलिकाल॥
धरनि-धेनु चारितु चरत, प्रजा सुबच्छ पन्हाइ।
हाथ कछू नहिं लागिहै, किये गोड़ की गाय॥
काल तोपची तुपक महि, दारू अनय कराल।
पाप पलीता कठिन गुरु, गोला पुहुमी पाल॥
रैयत राज समाज घर, तन धन धरम सुबाहु।
शान्त सुसचिवन सौंपि सुख, बिलसहिं नित नरनारह॥

—तुलसीदास

173

खेती न किसान को भिखारी को न भीख बलि बनिज को बनिज न चाकर
को चाकरी।
जीविका विहीन लोग सीधमान सोच बस कहै एक एकन सों कहाँ जाइ का करी।
वेद हूँ पुरान कही लोकहू विलोकियत साँकरे सबै पै राम रावरे कृपा करी।
दारिद दसानन दबाई दुनी दीनबन्धु, दुरित-दहन देखि तुलसी हहा करी।।

—तुलसीदास

174

बलि मिस देखे देवता, कर मिस मानव देव।
मुए मार सुविचार हित, स्वारथ साधन एव॥

—तुलसीदास

175

भुइयाँ खेड़े हर है चार। घर है गिहिथिन गऊ दुधार।
अरहर की दाल जड़हन का भात। गागल निबुआ और घिउ तात॥

सहरस खंड दही जो होय। बाँके नैन परोसै जोय।
कहै घाघ तब सब ही झूँठा। उहाँ छाँड़ि इहबै बैकूँठा॥

—घाघ

176

बहुतेरे जन द्वार द्वार मंगन बनि डोलहिं।
तनिक नाज हित दीन बचन जेहि तेहि तें बोलहिं।
बहुत लोग परदेस भागि अरु भागि न सकहीं।
चोरी चंडाली करि बंदी गृह पथ तकहीं।
पेट अधम अनगिनतन अकरम करम करावत।
दारिद दुरगुन पुंज अमित दुख हिय उपजावत।
यह जिय धरकत यह न होइ कहुँ कोउ सुनि लेई।
कछू दोष है मारहिं अरु रोवनि नहिं देई।

—प्रताप नारायण मिश्र

177

सोई भारत भूमि भई सब भाँति दुखारी।
रह्यो न एकहु बीर सहस्रन कोस मँझारी॥
होत सिंह को नाद जौन भारत-बन माहीं।
तहँ अब ससक सियार स्वान खर आदि लखाहीं॥
जहँ झूसी उज्जेन अवध कन्नौज रहे वर।
तहँ अब रुअत सियार चहूँ दिसि लखियत खँडहर॥
धन विद्या बल मान वीरता कीरति छाई।
रही जहाँ, तित केवल अब दीनता दिखाई॥

—हरिश्चन्द्र